嘉戸一将
Kazumasa Kado

法の近代

権力と暴力をわかつもの

岩波新書
1960

目次

目　次

序章　法と近代
——問われるべきことは何か？

権力と暴力を分かつもの

私たちは、あるタイプの力の行使(例えば、略奪や侵略)を暴力として非難し、それとは異なる力の行使(例えば、徴税や土地収用)を権力として容認している。では、何によって権力と暴力は区別されるのだろう。型どおりに答えるなら、力の行使が合法的であるか否かだとなるだろう。では、何によって合法と非合法は区別されるのだろう。もちろん、法的根拠があるか否かだ。そして、近代においては、議会などの立法機関が制定した規範が法として通用している。では、立法機関が制定した規範は、その内容を問わず、何であれ、法としてのステイタスをもつのだろうか。言い換えれば、**私たちは立法機関を通じて、意のままに法を創ることができるのだろうか。**

意識や価値観、あるいは国際情勢の変化を理由に、法の「時代遅れ」をあげつらう前に考えるべきことがある。現在、私たちが法と呼んでいるものは、西ヨーロッパが一一―一二世紀に古代ローマの法や学説を「再発見」し、当時の社会に適用すべく解釈してきたことに由来するという事実である。つまり、西ヨーロッパが古代ローマの市民社会(*societas civilis*)に模範とすべき文明(civilization)を見出し、その規範を受容したのが法の探求、すなわち法学の始まりである。それが、人の意のままになるものを指すのではないことは言うまでもない。人間にとって規範となるものの理念を歴史に絶えず問い直すことが、法を探求することなのである。そのため、現代を代表するフランスの法制史学者ピエール・ルジャンドルは、「法とはいまだ知られざる現象である」ことに注意を喚起する(*Leçons VII. Le désir politique de Dieu*)。

近代という時代は、中世の封建的な法秩序との連続性を断ち切るべく、立法にこそ権力の本質を見出し、国家と呼ばれる共同体の形式は、それ自身の力の行使を立法によって合法化し、それ以外の力の行使を暴力として禁じた。見方を変えれば、それは法によって拘束された力を権力と呼び、そうではない力を暴力と呼ぶことでもある。

いずれにせよ、国家の権力が法の理念を探求し、人間が人間としての生を享受することを保障できれば、それでも良かったのだろう。しかし、実際には、この国家という形式の世界的な普及のプロセス自体が、それによって世界が文字通り一つの世界となる恩恵をもたらす一方で、国家間の、あるいは国家と植民地の暴力的な支配 - 従属関係をもたらしたように、国家化は必ずしも世界規模の法の実現などではなかった。

とりわけ第二次世界大戦という、文字通り、世界全体を巻き込んだ世界戦争の後、その戦争が、他ならぬ国家による戦争であり、国家は人々をまるで消費すべき資源(人的資源)のようにして、たやすく死へと追いやったことが告発された。国家は人間的生を保障しない、と。そこで、この国家間の戦争の惨禍への反省から、国家への信(credit)は切り下げられ、かわって台頭したのが、国際連合をはじめとする国際機関と、国際的な経済活動を展開する国際企業である。

さらに、経済のグローバル化や新自由主義の名のもと、国家は自由な経済活動の障害、自由な社会生活を阻害するものとする言説が跋扈し、国家はさまざまな事業の民営化＝私営化によって、その役割を縮小し(「小さな国家」)、ついには公的なエージェントとしての任を解かれようとしている。**もはや、国家は国際機関と地域との橋渡し、国際企業と地域経済との仲介役、企業と消費者との利害調整役にすぎないようにも思われる。**

脱‐国家化の時代の法と政治

では、法は？　なぜ法は、国家の権力が暴力に堕し、人を死に追いやることを容認したのか。そこで問題となるのは、法は国家によって生産される規範であるという近代的な考え方である。これも世界戦争以前は、国家が担う法という規範の生産において、民族的な(national)ものなどという物語に法が準拠し、法の理念、正確に言えば、法としての正統性(legitimacy)を呈示することが肝要だと信じられていた。さらに、その信を確固としたものとするため、ことさら「国民(Nation)」の観念が喚起され、「国民教育」などと呼ばれる教育や、国民レヴェルの祝祭など国家儀礼が利用され、法が国民としての人間性の安全を保障し、国家はその保証者であると演出されてきた。

それが今では、イデオロギーや幻想として告発される。そこでは現実的な通用性、とりわけ生産効率が語られ、**法は、政府や政党を筆頭とし、利益団体や組合、専門家と呼ばれる人々など、さまざまな団体や個人の私的な、あるいは部分的な要求の産物であることが、あからさまに語られる。**規範の生産が、決して国家の公共的で排他的な権限に属するものではないことが自明となったのである。立憲主義はもちろん、遵法（じゅんぽう）観念が希薄化し、ポピュリズムが盛んに取沙汰されるのは、そうした時代の現象である。

しかし、その一方で、まるで国家への信の切り下げを覆い隠すように、国家の権力を握る政治家は、「決めるのは私なのです！」あるいは「責任は私にあります！」などという決め台詞をはくことで、政治的な決断者を演じ、またそのような演技力が「リーダー」の資質として語られる。

さらに、それは単なる芝居にとどまらず、戦争や災害、暴動、感染症のパンデミックに際しては、非常事態や緊急事態という、法と法の外との境界を設定することで、現実に強大な権力が誇示される。それらの事態が法と法の外との境界であるというのは、それらは法によって、どのような事態であるかを、ある程度囲い込まれているという意味においてであり、また具体的・個別的にどのような事態が該当するかは、法ではなく、権力を行使する者の決断に委ねられるという意味においてである。

ついでに言えば、国家への信の切り下げを覆い隠す試みは、ふたたび教育を利用する。例えば、二〇〇六年に全面的に改定された教育基本法は、愛国心を養うことを目標として掲げている(第二条)。

愛国心、言い換えれば、パトリオティズムはローマ教会による十字軍遠征の際の兵力動員を起源としている。そのため、日本は近代化の一環として、これを教育勅語によって普及させようとしたものの、聖地イェルサレム＝祖国・郷土(*patria*)への愛という観念が理解しがたいために、結局、封建的忠誠心と重ね合わせて、「忠君愛国」というスローガンとともに、その「愛」を流布させようとしたのだった。封建的な主従関係を支えていた忠誠心に取って代わって、キリスト教徒共通の郷土への愛として現れたパトリオティズムを、封建的忠誠心に接合するという理不尽をやってのけたのである。

そして、理不尽への非難を封じるようにして、「忠君愛国」は「日本的」などという形容詞によって取り繕われた(拙稿「「忠君」と「愛国」」)。にもかかわらず、ふたたびパトリオティズムが呼び戻されたのである。

あるいは、儀礼も動員される。このような理不尽の再演の糊塗に腐心する政府にとって、天皇の即位礼は、格好の演出手段となるだろう。安倍晋三首相（当時）は、天皇に向かって「万歳三唱」を行った。

近代の即位礼の作法は、登極令（明治四二年皇室令第一号。昭和二二年皇室令第一二号により廃止）で定められた。それは、七世紀末の持統天皇の時代に確立されたものに由来し、その後、隋や唐の中国文化が取り入れられ、さらには明治期には西洋文化も参考にされできあがったものである。登極令には「内閣総理大臣（中略）万歳ヲ称フ三声」とあるが、もともと即位礼の作法に関する書物には「音謁」とのみ書かれており、「えいーっ」などと叫ばれていたのではないかと推測されている（石村貞吉『有職故実（上）』）。

現天皇即位礼における安倍首相の「万歳」(2019年10月22日．朝日新聞社提供)

即位礼は、本来、天皇とその臣下の間の儀礼であり、国民が「臣民」と呼ばれていた明治憲法体制下ならともかく、国民が「主権者」と憲法に規定された現行憲法に反するなどの批判もあるが、ここでは次のように問うことにしよう。いったい、なぜ、「万歳」なのだろう。

その字義通りの意味からすれば、「万歳」とは「永遠であること」だ。つまり、天皇という制度の永遠性が演出されているのである。制度の永遠性という観念は、歴史学者エルンスト・カントロヴィチが指摘するように、ローマ法の「再発見」以来練り上げられ、法秩序の存立を支えてきた(『王の二つの身体』)。その意味では、この観念は法秩序の普遍的演出だと言える。

問題は、何が、あるいは、誰が演出するかだ。即位礼で「万歳」の声をあげるのは首相である。つまり、首相は永遠性を祈願する役柄を演じる。なぜ、首相がその役柄を演じるのだろうか。首相はそれを演じることで、国民の代表としての地位を自ら演出しているのである(実際、安倍首相は「寿言(よごと)」において「私たち国民一同」と言っている)。国民の代表という地位、つまり権威を、自らに与えているのである。決断者という役柄は、そうした権威なくしては、単なる茶番となってしまうだろう。

決断主義

国家への信の切り下げを覆い隠す行為に見られるのは、決断主義の再演である。決断主義とは、法の下での生活において重要なのは、法の内容そのものよりも、「誰が決断するか」であるという考え方を指している。これを定式化したのは、二〇世紀を代表する公法学者カール・シュミットだ。その際、シュミットは、一七世紀の思想家トマス・ホッブズの言葉「真理がではなく、権威が法を作る」に依拠している。それは、「後－真理(Post-truth)」などと呼ばれる時代に似つかわしい政治のあり方を予見したかのようにも思われるが、実際にはシュミットはその言葉に、西ヨーロッパのキリスト教的政治理念(「政治神学」)の伝統としての決断主義を見出したのだった。

シュミットの決断主義は、公法学界のみならず、哲学など思想界にセンセーションを呼び、今なお参照されているが、のみならずナチス政権の誕生とも関係したことから、日本でも一九三〇年代には注目されていた。

シュミットが決断主義を提唱した背景には、一九世紀から二〇世紀にかけての国家をめぐるさまざまな論議がある。なかでも彼を駆り立てたのは、国家を法秩序と同一視する考え方への異議である。すなわち、国家における生活には、秩序を維持しつつも、既存の法が停止される事態がある、というのである。それが「非常事態」であり、ここにおいてこそ、近代の国家を支えてきた、ある主要な概念、「主権」がその本領を発揮する、というのである。シュミット『政治神学』(一九二二年)の冒頭には、次のようにある。「主権者とは非常事態についての決断者である」。

この一節のインパクトは大きく、とりわけシュミットの言う「主権者」が法外な(文字通り、「法の外」という意味で)存在者ではないかなどと解される。言い換えれば、権力が暴力となると解される。とりわけ、第二次世界大戦が「主権国家体制の産物だ」とする見方とも結びつけられ、だから「主権者」の権力は暴力そのものであって、物騒だと厄介払いする議論もある。ただ、シュミット自身は、「非常事態」を法学の対象であると言っているように、「主権者」に託されているのは、**世界に無規範なカオスを見出す決断ではなく、立法者としての「主権者」の役柄である。**

むしろ、問題は、その役柄である。「再発見」されたローマ法にもとづいて、ローマ教会が立法者としての教皇の形象を作って〈グレゴリウス改革〉から、神や法と立法者との関係が論議され（「法律から解放されている」／「法律に拘束されている」、「神の代理人」としての立法者、など）、やがて一六世紀の思想家ジャン・ボダンが宗教戦争のさなかに『国家論』（一五七六年）で〈神の似姿（*imago Dei*）〉として「主権者」の観念を理論化するにいたるなど、立法者＝「主権者」は神学的な世界観によって一定の役柄を与えられていた。

では、世俗化したと信じられた時代においても、なお「主権者」の役柄は神学的な世界観によって与えられうるのだろうか。ヨーロッパの「精神生活」の中心が、神学から形而上学へ、形而上学から人文主義へ、人文主義から経済的合理性へとシフトしたと考える現実主義者シュミットは、そこに国家の「中性化」あるいは「非政治化」、つまり人間的生を保障する準拠あるいは世界観をめぐる対立が解消されていく姿を見る。そこには、もはや秩序の創造主としての神の役柄を演じる者はいない。しかし、近代において、法は創造されるものだったのではないか？　あるいは、準拠や世界観なくして、法は創造されうるのだろうか？
シュミットが注目したのは、フランス革命期の理論的指導者エマニュエル＝ジョゼフ・シィエスの提唱した憲法制定権力論だった。それに「神の死」後の主権論を見出したのである。すなわち、「自己の政治的実存」に関する「決断者」という役柄である（『憲法論』一九二八年）。国家の機軸となる法である憲法を、誰が決めるのかという問いこそが、一九世紀以降の法と国家の根本である、というのである。

それは、**経済的合理性が支配する産業主義の時代にあって、政治的実存の次元を再生させる効果をもたらすことになる**。企業とは異なり、国家は、既存のシステムに適応することによってではなく、とりわけ革命的状況がそうであるように、「決断」に準拠して存立していると考えられたからだ。それが、文字通り、実存的であることは、シュミットが「政治的なもの」の本質を「友／敵」の峻別に見ていたことから明らかだ。そう言ってよければ、「主権者」の役**柄は、ひとつの世界観というフィクションのなかに書き込まれているのではなく、自己の実存を賭けた実存主義的な「決断」にこそ求められる**のである。

だからこそ、この決断主義は日本でも受容可能なものとして注目されたのかもしれない。第三章においてみるように、神学的伝統に根ざすとは称しつつも、実存主義化した「決断」は、一九三〇年代の日本において、議会の機能不全と戦線拡大という窮地を打開する格好の理念と映じたのだろう。

日本の場合

とはいえ、日本の場合、決断主義が実際には採用されなかったのも、あるいは採用されえなかったのも、また事実だ。丸山眞男が敗戦直後の論文「超国家主義の論理と心理」（一九四六年）で指摘したように、日本の指導者層にはナチスと異なり、「決断」の自覚がなかったのである。東京裁判の際はもちろん、現在にいたるまで、開戦の「決断」が誰によって下されたのか論議されてきたように、誰も「決断」の責任を引き受けてこなかったのだ。

丸山は別の論文で、こうした政治システムを、「無責任の体系」と呼んだが（「軍国支配者の精神形態」一九四九年）、決断主義は「決断」の責任を引き受ける主体としての自覚を前提としている。言い換えれば、法にも拘束されない自由な主体であるという意識とその責任の自覚によって、決断主義は支えられているのである。つまり、肥大化した主体の権能を前提とする。

たしかに、丸山の日本の戦時体制を「無責任の体系」として批判する観点は重要ではある。戦争責任論はもちろん、日本国憲法をめぐる昨今の論議を捉えるうえでも重要だろう。国家の権力を拘束する憲法を、その権力を握る政権党が改正しようなどと提起する事態は、そもそもこの憲法を誰が決めたのか、言い換えれば、誰が主権者なのかという問いを抑圧する（「GHQ

が決めた！」などと責任逃れでしかない強弁をする）ことで成り立っている。丸山の観点からすれば、いまだに自由な主体という意識は定着していないと言えるだろう。さらに言えば、災害や感染症のパンデミックとの「戦い」という危機意識を煽り、「緊急事態」なるものを設定したところで、日本では、自由な主体という意識が定着していないのなら、法（権利）の停止をもたらすような措置を、誰も決めないだろう。

「緊急事態」を定めたところで、あらかじめ強権的な決断主義が挫折しているのは、むしろ、大いに結構なことだろう。たとえ「緊急事態」が、カオスなどではなく、なお秩序であったとしても、法にも拘束されない自由な主体、すなわち主体の権能の肥大化が権力の暴力への転換を意味しうる以上、物騒なのは間違いない。しかし、誰にとって結構なことなのだろう。言うまでもなく、法の下で人間的生を享受することが保障されている人々、法（権利）主体と呼ばれる人々のはずである。

しかし、実際には、**強権的な支配が存在しえないにもかかわらず、決断主義の挫折の裏面のようにして誰もが責任を引き受けることを逃れ、「協力」や「自粛」を「要請」する無責任な抑圧的言説が跋扈しているために、人間的生の保障は宙づりにされている。**

いったい、何が、このようなパラドクシカルな事態をもたらしているのだろう。主体としての自覚の欠如を非難するのは容易だ。しかし、その主体の理念も強権的支配に反転することを考えると、もはや袋小路に行き当たるしかない。おそらく問題解決の糸口は他所に探さなければならないだろう。つまり丸山流の図式には手なおしが必要だ。そもそも自由な主体という理念そのものは、西谷修が指摘しているように、日本のみならず、世界戦争後の世界において「失効」してしまっているのである(「日本における〈主体〉形成の冒険」)。

問題は、「自由な主体」という観念そのものをめぐって生じているのではなく、むしろ「自由」の内実と「主体」の役柄に由来する。「自由な主体」という観念は、しばしば指摘されるように、近代の西洋に固有のものであり、それは自らの行為の責任をとり、自らの権利のために戦うことのできる強い個人を前提としている。そこで言われる「自由」とは、一つには、既存の法と権力からの自由であり、もう一つには、一義的な神学的世界観からの自由、言い換えれば、信仰の対象の自由(〈信教の自由〉)である。

主体が特定の信仰から解放されなければならないと考えられたのは、スコットランド、フランス、ドイツなど地域によって異なるものの、おおむね一七—一八世紀に展開された啓蒙思想に負うところは大きいが、宗教戦争ぬきに語ることはできないだろう。すなわち、キリスト教内部での信仰の争いが、世俗権力を巻き込みながら、一六—一七世紀に西ヨーロッパで、血で血を洗うような戦争として繰り広げられたのである。その結果、個人の信仰に関わる事柄に干渉しないことで、公的秩序を維持する公権力(主権的権力)という理念が構築された。シュミットが言う「中性化」・「非政治化」は、こうして始まったのである。

信仰の断念から政治的解放・自由へ

そう言って良ければ、神学的世界観や価値観、さらには形而上学的な真理への絶対的な信仰を断念せざるをえなかった西ヨーロッパにおいて、近代という時代はその断念を断念そのものとして受け入れるのではなく、政治的な解放や自由として価値の転換を図ったのだった。シュミットの実存主義的な決断主義は、「神の死」後、死んだはずの「政治神学」に、自由な主体という近代的理念のカンフル剤を投与することで、西洋の政治的伝統の蘇生を試みたのである。

しかし、その蘇生は近代的理念への信仰を前提とするという意味において、政治的な解放や自由を留保付きでしか保障しないことになるだろう。そのことを暴露したのが、第一章において見るように、もう一人の二〇世紀を代表する法学者ハンス・ケルゼンだった。ケルゼンが西洋の伝統に対置したのは、近代にふさわしい価値中立性、徹底的な相対主義だった。とはいえ、両者の間に横たわる問題はいまだ解決されていない。すなわち、**はたして信なくして法はありうるのか、あるいは権力と暴力の峻別は可能か**。

この問題については、本書全体を通じて検討することにしよう。さしあたり、この問題は西洋の伝統と無縁でありながら、それを受容せざるをえなかった日本の歴史を垣間見ることで、

トランプ大統領の就任式における宣誓（聖書に手を置いている．2017年1月20日．朝日新聞社提供）

一定の見通しを得ることができるだろう。詳しくは第二章・第三章で検討するが、例えば、先に触れた丸山の見解に立ち戻っておこう。

丸山は、シュミットの言う「中性化」が単なる価値中立を、つまり主権国家がその正統性を真理や道徳に求めなくなったことを意味すると説明し、にもかかわらず、日本の場合、教育勅語がそうであったように個人の内面に権力が介入したことを問題にしている。敗戦直後の状況が、そのような図式を成立させたと言えるが、実際には事態はそれほど単純ではない。戦争を前にした諸国が「国民教育」と称する国家主義的教育を行っていたのは周知の通りであるし、国家的儀礼が何らかの宗教的演出（就任式で聖書に手をかざす大統領）を伴うのもよく知られているし、さらに言えば、西洋的自由（〈信教の自由〉や〈表現の自由〉）が非西洋の宗教あるいは信仰を深く傷つけ、暴力的な対立を引き起こしていることは、その自由が西洋の信仰する自由であることを露呈させているのである。

そもそも、主権（sovereignty）という観念そのものが、一神教の神の絶対的な高さ、すなわち至高性（sovereignty）に由来している。その意味では、主権国家が保障する自由とは、神の保障する自由だと言えるだろう。したがって、**自由な主体とは、神の保障する権利を享受するように演じることを定められた役柄なのである。**だからこそ、シュミットは、キリスト教的伝統への回帰を掲げて、決断主義的な主権国家の理念を提唱したのだった。

一九世紀後半にヨーロッパへ制度調査あるいは留学に行った日本人は、すでに世俗化したヨーロッパ諸国において、なお国家の定礎に「機軸」としてのキリスト教を見出した。そのため彼らは、新たな法秩序を創造するにあたって、天皇信仰を創出しようとしたのだった。その結果、明治憲法を補完するようにして、教育勅語が発布された。それは前段で、日常的な儒教的道徳を掲げつつ、後段ではパトリオティズム教育が盛り込まれた、文字通りの「国民教育」を目的としたテクストだった。パトリオティズムなどになじみのない人々に、政府が与えた役柄は、天皇の「赤子（せきし）」としての「臣民」のそれだった。

その「臣民」には、「信教の自由」の主体の役柄を演ずることは期待されないだろう。もちろん、西洋諸国に文明国として承認されることを課題とした政府は、明治憲法にそれを盛り込みはしたが（第二八条）、「赤子」としての役柄を演じる限りにおいて保障されるのであり、宗教戦争の結果保障せざるをえなかった多様性への権利とは異なり、**「赤子」としての単一性・一体性が担保される限りの権利**なのである。これが、自由な主体と明治憲法体制の法（権利）主体との差異である。

繰り返される歴史に何を見るべきか?

そう言って良ければ、近代においては、誰が法秩序を創造しうるのか、創造しうる者とは何者かという問いをめぐって、このような論議が繰り返されてきた。決断主義は、世俗化の時代の立法者像をきわめて能動的なものとして、つまり過剰に主体的なものとして、定式化したにすぎない。二度の世界戦争が、過剰な主体性の破綻だったとすると、私たちはそこに何を見るべきか。

少なくとも、国家の終焉ではない。脱-国家化の現象は、あくまでも世界戦争において臨界に達した一つの形式からの離脱にすぎない。国家とは、その語源が示すように、すなわち「状態」を意味するラテン語《*status*》が示すように、それは一定の条件を備えた制度体を意味している。例えば、一九世紀に確立された国民国家体制(nation-state system)が終わりを迎えたところで、それはあくまでも国民国家の終わりであって、国家のそれではない。国民国家にいかなる体制が取って代わろうとも、取って代わったものが制度体である限り、そして人間が制度的な動物である限り、新たな国家形態が現れるにすぎない。実際、国家はさまざまな形態(君主制、貴族制、民主制、自由主義、社会主義、共産主義……)をとってきたのだから。

かりに世界が単一の共同体に鋳直されたとしても、それは国家と呼ぶべきだろうし、あるいは、〈信教の自由〉の結果、人が宗教を自由に選ぶようになったのと同じく、自らが帰属する共同体を選ぶようになったとしても、それはなお国家と呼ぶべきだろう。あるいは、近年構想されているような人工都市（例えば、リバタリアンによる洋上の人工島「シーステッド」）もまた国家である。さらには、かりに領土のないヴァーチャルな共同体が創られたとしても（今や技術的には可能だ）、それが制度体である限り、国家と呼ぶべきだろう。

だからこそ、今、国家の存立を支えてきたものが、何であるか、問われなければならない。より正確に言えば、**権力を暴力と厳格に峻別することで、人間が人間としての生を享受することを保障するのが、国家の役割とするならば、その役割のために必要なものが問われなければならない。**さもなければ、国家は人間なき国家に堕することになるだろう。法と呼ばれる制度が人間の意のままになるようなものではなく、歴史のなかに求められてきた限り、ここでは、人間的生の条件を歴史のなかに求めてみよう。

例えば、カール・マルクスが、歴史は繰り返すこと、そして一度目は悲劇として現れ、二度目は茶番として現れることを指摘している。そのとき、同時に彼が言っていたのは、革命的な法秩序の創造が人間の意のままに為されるのではなく、フランス革命の担い手たちがローマの英雄たちを演じることで創造を遂げたように、新たな法秩序の創造において、「過去の亡霊」

を呼び出すことで「由緒ある扮装と借物のせりふで世界史の新しい場面を演じようとする」ことが不可欠であるということだった（『ルイ・ボナパルトのブリュメール十八日』一八五二年）。おそらく、カール・シュミットなら、騒乱のなかでの実存的な「決断」を見出しただろう場面に、マルクスは「茶番」を見出していたのである。

さまざまな形態の政治的イデオロギーにもとづいて、さまざまな体制が現れては消えてきたことを知る私たちにとって、歴史は「決断」を上演する「茶番」の繰り返しなのかもしれない。では、なぜ、「茶番」が要請されるのか。たとえ、「茶番」に映じようとも、法秩序の創造は正統性抜きには為しえないからだ。理由や根拠のない言葉が個人の妄言や戯言であるのと同じように、あるいはそれ以上に、正統性を欠いた法は、立法者の恣意であるからだ。恣意的な権力は暴力に他ならない。テクノロジーの副作用のようにして妄言や戯言が跋扈する今ほど、この問題を深刻に受け止めなければならない時代はないだろう。だからこそ、次のことを確認しておこう。**法は意のままに創られるものではない。**

マルクスが言及した例について言えば、演じられるのが「ローマの英雄たち」であるのは、正統性を歴史に求めたからだと言えるが、のみならず、正統性を人間化する（フランス語 « humaniser »）ことで、正統性を分かりやすい表象によって上演しているからだ。ピエール・ルジャンドルは、そのように法が、人間化された何らかの正統性に準拠することを、ヨーロッパの法的文書の伝統的な定型表現「……の名において(au nom de ...)」に見出している。たとえ正統性が人の「名」に帰されても、そこでは必ずしも「決断者」が要請されているのではないということに注意しよう。ついでに言えば、ローマが呼び出されたのは、ヨーロッパの法学の原点である『ローマ法大全(*Corpus Iuris Civilis*)』の出所であり、さらにヨーロッパにとって「文明(civilization)」なる法秩序は、語源から言えば、ラテン語《*civis*》の、つまり「ローマの市民」の法秩序であることとも深く関わっているだろう。

　私たちが、国家という制度(その形態がどのようなものであれ)のなかで生き、法秩序を刷新し続ける(議会制か独裁制か、その方法がどのようなものであれ)限り、そして法が意のままには創られない限り、繰り返し論じられてきたものを検討することが必要だ。というのも、人間が別の何ものかに変身するのでもない限り、制度は人間的生の条件をめぐる、そして権力と暴力をめぐる、繰り返されてきた歴史からしか産み出されないからだ。

第一章

何が法をなすのか？
——正統性と歴史

グスタフ・クリムト《パラス・アテナ》
（1898年．ウィーン歴史博物館所蔵）

第一節　立法する権力

まずは、権力の内実を暴力として告発した次の寓話を見てみよう。

法と暴力

最強の者の理屈は、つねに最良である。
そのことを今からお示ししよう。
澄んだ水のせせらぎで、
一匹の子羊がのどの渇きをいやしていた。
腹をすかせた一匹の狼が、獲物を求めて、不意にやってくる、
空腹がそこへ狼を引き寄せたのだ。
「俺の飲み水を濁らせるなど、どうしてお前はそんなに大胆になれるのだ」、
怒りに満ちたこの動物は、こう言った、
「お前は、その無謀さゆえに罰せられるだろう」。

「陛下」、子羊は応じる、「どうか、
お怒りにならないでください。
むしろお考え下さい、
陛下よりも二〇歩以上も川下の、
せせらぎで、
私が渇きをいやそうとしていることを。
だから、どうしようと、
私が陛下の飲み物を濁らせることなどできないということを」。
「お前は濁らせている」、この残虐な獣は再び続けた、
「それに、去年、お前が俺の悪口を言ったことも知っている」。
「どうして、私にそんなことができましょう、私はまだ生まれていなかったというのに」。
子羊は続けて言った。「私はまだ母の乳を吸っているのです」。
「もし、お前ではないというのなら、じゃあお前の兄だ」。
「私に兄などいません」。「じゃあ、お前の身内の誰かだ、
お前たちは、俺を容赦しないではないか、
お前たち、それからお前たちの飼い主、お前たちの犬も。

俺は聞いたのだ、俺は仕返しをすべきだ、と」。
そう言うと、森の奥深くへ、
狼は子羊を連れて行って、食べた、
他にどんな手続きを踏むことなく。

ラ・フォンテーヌ「狼と子羊」(一六六八年)

何の罪のない子羊に死刑を宣告する「理屈(raison)」を編み出す狼は、あたかも理性(raison)に依拠した法に従っているようで、実は暴力による支配を行っているにすぎない。そのことを明快に暴露してみせるこの一七世紀の寓話は、決して動物の世界の普遍的な摂理を描いているのではない。

むしろそれは、**きわめて人間的で、しかも近代的な世界を描いている**。というのも、第一に、たとえ「理屈」ならぬ「理屈」ではあっても、「理屈」抜きに子羊が食べられることはないという意味で、それはあまりに人間的であるからだ。第二に、子羊は伝統や慣習によってではなく、新たに生み出された「理屈」に依拠した「手続き」、法によって屠(ほふ)られるからだ。そのことが近代的だと言いうるのは、中世までの権力が司法権を中心に組み上げられていたのに対して、近代の権力は立法権を核にしているからだ。

事実、一六世紀に理論化された主権的権力なるものは、まさに立法権が軸となっている。諸身分の既得権を、特権として告発し、それら特権からなる法秩序を過去の遺産として断ち切って、新たな法秩序を創造する、これが近代的権力のあり方であり、その中心に立法権がある。

とりわけ、国会が「国権の最高機関」にして「唯一の立法機関」として、憲法で定められた日本では、そのことはすっかりなじみであるはずだ。もし、その規定が単なる理念論などと受け止められようなら、憲法改正論議などする以前に、近代の法秩序について、そして日本での受容について、深く問い直す必要があるだろう。

法の正統性という問題

ところで、先の寓話が示唆しているのは、新たに作られる法が理性を逸脱しうること、そしてそのような立法を行う権力は、もはや権力と呼ぶに値しない暴力であるということである。この近代的な問題提起は、近代のさまざまな思想家に見出すことができる。現代フランスの社会法学者アラン・シュピオは、権力と暴力とを分かつもの、言い換えれば、政府と盗賊を分かつものに関する問いが、近代の著名な法学者たち、「ボダンからケルゼンまで」を揺り動かしてきたと言う（『法的人間　ホモ・ジュリディクス』）。

例えば、ジャン＝ジャック・ルソーは、『社会契約論』（一七六二年）の「最強の者の法について」と題された第一編第三章において、この問題について論じている。「森の奥で、山賊が私の前に不意に現れる。それだけではなく、力ずくで財布を差し出すように仕向けられる。しかし、財布を隠すことだってできるというのに、率直に言って、私は財布を差し出さざるをえないのだろうか。というのも、結局、山賊が握っているピストルもまた権力なのだから」。ここでルソーが言っているのは、たとえ、人が「最強の者」の力あるいは権力に屈することがあっても、それは必ずしも法として履行されるのではない、ということだ。ルソーは、この章を次のように結んでいる。「だから認めよう、力は法を生み出さず、人は正統な諸権力にのみ従えばよいのだ、と。かくして、私の冒頭の問いがまたも戻ってくる」。

「冒頭の問い」とは、第一編の冒頭にある次のような問いだ。「人々をあるがままのものとして、そして法律をありうべきものとして取り上げた場合、市民の秩序において、何らかの正統にして信頼できる行政の規則はありうるのだろうか」。この問いは、次のように言い換えられるだろう。いったい、**何が法を法として、可能にする＝権威づける(autoriser)のだろうか**。

ルソーは、立法する権力と暴力とを分かつもの、行政が依拠すべき規則の徴表を、「正統である(légitime)」ことに求めた。そして、その正統性は国家を構成する諸個人による「契約」、さらには諸個人の「意志」に由来する、とした。要するに、諸個人は、自らの意志に由来する権力のみを正統なものとし、その権力の創る法に服従すべきである、というのである。しかも、ルソーは諸個人の「代表者」からなる権力、つまり議会制を封建制に由来するものとして排除するので、結局、直接民主制を主張することになる。したがって、支配者と被支配者の一致、同一性が、さらにはすべての人が同じことを意志するような同質性が、法と権力の正統性を保証することになる。それは、他者による支配なき世界に関する幻想という意味で、一種のユートピア論であると言えるだろう。

例えば、カール・シュミットはそれを「観念的な構築物」として批判する（『憲法論』）。のみならずシュミットは、政治的対立のない状態が、政治的に活動的な他者への隷従をもたらしかねないことを指摘する。植民地主義の歴史を想起すると、その観点は看過しえないだろう。

序章で見たように、ジャン・ボダンにとって正統性は、主権者が〈神の似姿〉であることによって担保されるものだった。それはキリスト教的な世界観にもとづくものだが、とりわけ重要なのは、神学的な世界観が受肉によって、主権者という人格（「役柄」を意味するラテン語《*persona*》に由来する）に担われていることだ。同じように、主権者という人格を国家に不可欠なものとして主張した思想家として、トマス・ホッブズを挙げることができる。ホッブズの場合、主権者という人格が国家に不可欠なのは、国家を単一のものとして観念するためだった。言い換えれば、単一の人格によって代表されることで、国家ははじめてひとつのものとして観念される、というのである。そして、この単一の人格は、序章で見たように、「権威」と呼ばれ、法の正統性を体現することになる。

このホッブズの正統性論は、ホッブズと同じく、自然状態論(法秩序成立以前の仮想の状態論)から出発し、契約による法秩序の成立を構想したルソーのそれとは対照的だ。ルソーの法秩序は、被支配者と支配者の同一性と、それら契約者たちの同質性によって、単一であることが保証されていたのに対し、ホッブズのそれは、あくまでも契約者の代表者が単一であることによって、単一性が保証されている。この代表の問題については、また後で立ち戻ることにして、さしあたりホッブズとルソーとの間に横たわるものを確認しておこう。すなわち、支配者の問題である。

「息をする法律」——人格が体現する法の正統性

ボダンやホッブズなど、カール・シュミットが決断主義を定式化するにあたって依拠した思想家たちに共通する要素の一つが、主権者という支配者の人格が正統性を体現していることだ。

立法者である主権者が、法の正統性を体現するという観念は、近代になって突如として現れたのではない。その由来は、直接的には、六世紀の東ローマ皇帝ユスティニアヌスのもとで編纂され、後に『ローマ法大全(*Corpus Iuris Civilis*)』と呼ばれることになった古代ローマの法の集成にあり、さらには「息をする正義」(アリストテレス『ニコマコス倫理学』1132a22)など古代ギリシアの哲学にまでさかのぼる。そうした観念は西ヨーロッパでは、西ローマ帝国滅亡後、長く忘れ去られていたが、経済的な繁栄を背景に勃興した一一―一二世紀に、ムスリムが残していった『ローマ法大全』や古代ギリシアのテクストのなかに「再発見」され、新たな法秩序を構築していく上での資本となったのである。

その代表的なものの一つに、ローマ法の「息をする法律(*lex animata*)」(『新勅法』105・2・4)がある。それは、まさに立法者としての皇帝を形容した表現だった。あるいは、同じく立法者としての皇帝を形容した表現に、「皇帝はその胸の文庫にあらゆる法律を納めている(*Omnia iura in scrinio (pectoris) principis*)」(『勅法彙纂』6・23・19・1)などというものもある。

ところで、ここで重要なのは、それらの表現・法諺(ほうげん)は、一二世紀以降のローマ法研究において、単にローマ皇帝の歴史的な形象として捉えられたのではなく、ローマ教皇による立法に際して、さらには各地域の支配者による立法に際して、法の正統性を呈示するために用いられるようになったことである。しかも興味深いのは、エルンスト・カントロヴィチの指摘によると、一三―一四世紀の法学者たちは、そうした法諺が字義通り解釈されるべきではなく、法学者や貴族など、君主の助言者たちや合議体の意向や見解が、「王の口」を通じて発せられることで、法となる、と考えていたことだ(『王の二つの身体』)。

これもまた、序章で触れた、正統性の人間化(humanisation)の一つと見てよい。それはちょうど、絶対主義を批判したヘーゲルが、君主の役割は議会の決定を認可することにあり、それ以下でもそれ以上でもないことを主張したことを想起させる(『法の哲学』)。

ここではさしあたり、カントロヴィチが注意を促している点を確認しておこう。すなわち、法の内容が、たとえ助言者たちや合議体の意向や見解にもとづいているにしても、そのことは王が法に拘束されていることを意味しているのではない、という点だ。それは、裏を返せば、立法者である王と法との関係は、王の意志が単純に法をなすのでもなければ、王が単に法に拘束されているのでもないという、複雑な事情のもとにあるということだ。その事情は、やはりローマ法に由来する、「皇帝は法律から解放されている(*princeps legibus solutus*)」と「皇帝は法律に拘束されている(*princeps legibus alligatus*)」という互いに矛盾する二つの法諺をめぐる当時の論議に表れている。つまり、シュミットの提唱する決断主義とは異なり、**ヨーロッパの法的伝統は、この矛盾する二つの法諺に代表される立場によって構成されているのである。**決断主義は二つの法諺のうち、前者を定式化しているにすぎない。

議会主義と民主主義——支配するのは法か、人格か?

とはいえ、シュミットが決断者という人格論に偏向したのには、事情がある。すなわち、正統性を欠いた合法性の観念という問題である。シュミットによると、一九世紀に普及した議会主義は、議会の制定する法律が支配する、「非人格的」な支配のイデオロギーである。本来、議会主義には法の正統性を体現するような人格は不要なのである。

　このイデオロギーのもとでは、合法的な手続きによって立法され、その法律が執行されることが、支配の内実をなすため、シュミットはそれを「合法性システム」と呼ぶ。そして、この「合法性システム」では、正義のような法の内容に関する観念すら、手続きの妥当性という合法性(Legalität)観念によって解消されるため、もはや法には、法を体現する人格のような正統性(Legitimität)が要請されることはない、とシュミットは言う。それが、シュミットの主張するヨーロッパ的伝統に反するのは言うまでもない。

　のみならず、それは一九世紀後半以降、民主化に伴う選挙権の拡大による議会の変容にも合致しない。立法の手続きへの信頼によって成り立っている議会主義は、ブルジョワ市民層の豊かな教養と自由な論議が法を創るというフィクションによって支えられており、この自由主義的な法創造への信なくして機能しえないからだ。

　シュミットによると、議会主義は、そのフィクションやイデオロギーを共有しない多様な社会階層(〈人民〉)を担い手とする民主主義と相容れない。言い換えれば、法秩序を創造する権能＝資格(compétence)、つまり創造主の権能＝資格を、主権者のような特定の人格に見出すのではなく、自由な論議によって解消する方法は、自由競争が望ましい結果をもたらすというような価値観を共有しない〈人民〉には受け入れがたい、ということだ。

民主主義が前提とするのは、法律とは〈人民〉の意思であるという正統性の観念だ、とシュミットは言う。さらに、この一種の国民投票的な正統性の観念は、「権威をもつ政府」を必要とする。というのも、シュミットによると、国民投票は問題設定に依存するのであり、適切な問いを適切なときに発する政府と、その政府への〈人民〉の信なくして不可能であるからだ。

つまり民主主義においては、**自由主義的な法創造への信に、人格的な権威への信が取って代わる**のである。そして、支配者という人格とその権威を支える〈人民〉とは、つねに善であり、正しいという理念が民主主義の理念である、とされる。たとえ、それが私たちの現実的な、経験的な知識に反するとしても、存在の現実とは区別される規範の現実のレヴェルでは、民主主義の前提するフィクションである、ということだ。というのも、そのフィクションへの信がなければ、法律は恣意的なものと区別できなくなり、権力と暴力の境界線も抹消されることになるからである。

歴史的に見れば、こうした人格や権威が体現する正統性に関する言説が、第一次世界大戦後の議会制の機能不全を喧伝し、独裁者の下での権威主義的で全体主義的な体制(さしあたり、ナチス・ドイツを想起しよう)の形成を促すことになったのは周知のとおりだ。つまり今では、支配者という人格とその権威を支える〈人民〉とは、つねに善であり、正しいというフィクションが、幻想であったことが露呈したのである。

では、権威主義的・全体主義的な体制の克服が第二次世界大戦後の課題だとすると、シュミットが辿ったのとは逆の道、すなわち「合法性システム」と呼ばれるものへの回帰が、問題解決の糸口となるのだろうか。近年、ふたたび取り沙汰されている議会制の機能不全、あるいはポピュリズムと呼ばれる問題を持ち出すまでもなく、ことはそれほど単純ではない。

第二節 〈職務〉のゆくえ——支配者をめぐって

「普遍史」の時代の法と権力——カントからケルゼンへ

シュミットの決断主義が、先のローマ法の法諺のうち、支配者が「法律から解放されている」という法諺への偏向だったとすると、もう一方の「法律に拘束されている」への偏向もまた歴史に見出せる。それを簡略に表現すると、「支配者なき秩序」となるだろう。

例えば、カントは「世界市民的見地における普遍史の理念」（一七八四年）において、あまねくいきわたる法を管理する市民社会の実現を、「自然が解決を迫る人類最大の問題」として設定している。カントのこの小論に対するルジャンドルの形容「世俗化したキリスト教」を踏まえると、ここで言う「自然」とは、かつて「神」と呼ばれたものだと言ってよい（「ラテン一神教としての国家」)。

興味深いのは、自由と自律というカントの思想の基調と、外的強制としての法との関係を説明したこの「第五命題」そのものよりも、「第六命題」だ。すなわち、カントはそこで、「第五命題」を解決することがいかに困難であるかは、人間が「一人の支配者を必要とする動物」であることから分かる、と言うのである。というのも、人間は利己的であり、自己を例外として法の適用外としようとするために、一切の例外を許さない「その人自身が正義」であるような支配者が必要であり、そのような支配者を求めるという課題は、解決不可能であるからだ。

その課題を解決へと近づける方法が、国家間の勢力均衡と個々人による世界市民的意識の導入であり、それは権力分立制を法治国家の条件としたカントの国家論を拡大したものと言ってよい。ここで重要なのは、その解決策そのものではなく、小論の冒頭に掲げられた小論の目的である。すなわち、**人類を「全体」として観察すれば**(個々の人間は必ずしもつねに理性的ではないので)、「自然の意図」を、**つまりかつて「神の意図」と呼ばれていた自然に内在する法則性を発見できるのではないか**、というものだ。言い換えれば、「普遍史」なる探求を通じて、支配者をも例外としないメタ‐法(法の法)とでも言うべき法則性が確立される、ということだ。そうすれば、もはや法は正統性がなくとも、合法則性だけで自動的に再生産されることになるだろう。そこには、個人や団体の恣意が働く余地などない。

なぜ、個人や団体の恣意が排除されなければならないのか。言うまでもなく、その恣意は公的な意志と必ずしも合致するとは限らない、と考えられるからだ。さらに、合致しなければ、それは支配者による権力の行使ではなく、暴力の行使をもたらしうる、と考えられる。つまりそこには、先に見たラ・フォンテーヌやルソーの言う立法者による殺人や強盗への問いがある。「ボダンからケルゼン」までを揺り動かしてきたと言われる問いだ。カール・シュミットが「合法性システム」を批判したとき、その俎上に載せられた一人がハンス・ケルゼンだった。

先の問い、「何が政府と盗賊を区別するのか？」に対するケルゼンの答えとは、次のようなものだ。すなわち、その主体（政府、盗賊）の行為に、当為としての「客観的意味」があるか否かである（『純粋法学』）。人が金を差し出すことを強制されることが、納税であると判断されるか、強盗であると判断されるか、あるいは人が命を奪われることを、死刑執行であると判断されるか、殺人であると判断されるかは、それを強制した主体以外の人々にとって、その主体が権限を有しているか否かによるのである。そして、その権限は憲法によって定められている。

では、憲法は何を根拠として成立しているのだろうか。ケルゼンは、ある規範制定行為が客観的に拘束力のあるものと見なされ、その主体が憲法を制定する権威を有すると見なされたとき、それが憲法制定行為である、と言う。そして、重要なのは、そのように見なされることが可能なのは、そのように見せる規範があったからだと、事後的に確認される憲法の前提があると、ケルゼンは法の根拠の問題を、あくまでも規範システム内在的に論じていることだ。この前提を、ケルゼンは「根本規範」と呼ぶ。

この「根本規範」には、いくつかの効果が備わっている。ここでは、カントの「自然が解決を迫る人類最大の問題」の観点から整理しておこう。

まず容易に気づきうるのは、ケルゼンの言う法秩序には、自己を法規範適用の例外とするような支配者はいないということだろう。憲法を制定する権力といえども、「根本規範」によって授権されている限りでしか規範を制定しえないのであって、決して規範システムの外に位置することはない。

それに関連して重要なのは、「根本規範」は内容規範ではなく、あくまでも授権規範であるということだ。これについて、ケルゼンは次のような例を用いて説明している。

すなわち、父が子に「子供は学校に行け」と命じて、子から「なぜ、学校に行かなければならないの？」と反問されたとする。父は「子は父に従うべきだ」と応じ、これに子がさらに「なぜ、子は父の命令に従わなければならないの？」と反問したとする。これに対して、父は「神が「汝の両親に従え」と命じ、人は神の命令に従わなければならないからだ」と応え、子がさらに「なぜ、人は神に従わなければならないの？」と反問したとする。これにはもはや父は、ただそれが問うてはならない、受け入れるしかない前提であるとしか言う他ないだろう、とケルゼンは言う。

つまり、**「根本規範」はそこから個別的な規範の内容を引き出すものではなく、「規範を創造するルールを定める」**ものなのである。無論、「根本規範」は「神の命令に従わなければならない」だけではなく、「人は共同体成員たちが行動してきたように行動すべきだ」などという規範もまた、その例として紹介されている。

そう言って良ければ、「根本規範」は、国家という西洋的な制度体が、非西洋に普及した時代にふさわしい法の根拠に関する概念だ。価値中立的で、普遍的だと見なしうる法の根拠であって、ケルゼンがしばしば「徹底的な価値相対主義者」と評される所以はここにある。

価値中立性・普遍化可能性というこの効果は、もう一つの効果と密接に関係している。すなわち、正義の観念の廃棄である。カントは、「その人自身が正義」である支配者を求めることが不可能であるために、あまねくいきわたる法を管理する市民社会の実現を、「自然が解決を迫る人類最大の問題」と呼んだが、「根本規範」は正義の観念そのものを法の領域から排除するために、「人類最大の問題」にもはや頭を悩ませる必要などないのである。とはいえ、シュミットがこのケルゼンの正義なき法秩序を批判したように、「問題」はそう簡単に片づくとも思われまい。

正義の廃棄？

ここでは、正義について議論しようなどというのではない。法と正義の関わりの一端を垣間見るにとどめよう。

ケルゼンによると、「正義のような価値観が法の概念要素とはなりえないし、したがって法的共同体と盗賊とを区別する規準として役立ちえない」。そのようにケルゼンが主張するとき、引き合いに出されているのは、アウグスティヌスの『神の国』（四一三―四二六年）である。アウグスティヌスは言う。「正義がなければ、王国も盗賊団と異なるところはない」（『神の国』第四巻第四章）。あるいは、「真の正義が存しないところには、法も存しえない。すなわち、法によっておこるところのことは、たしかに正しくおこなわれるのであるが、不正におこなわれるところのことは、法によっておこなわれるのではないのである。というのは、不正な人間によって設けられたことは法とよばれるべきではないし、また、法と見なされるべきでもないからである」（同前、第一九巻第二一章）。

アウグスティヌスの言う「正義」とは、アリストテレス流の正義〈各人に彼のものを分配する徳〉を踏まえつつも、一神教の神に「仕える」ことで実現されるものだった。その要件を満たさない法秩序は、「盗賊団」に他ならず、さらに一神教の神に「仕える」以前のローマ法は法ではない、ということになる。ケルゼンによると、「実証主義的法学は、そのような帰結に到るような法概念を受け容れない」。ケルゼンにおいて、法の根拠は「根本規範」であり、その「根本規範」は内容規範ではなく授権規範である以上、当然の帰結である。法が法であるのは、その内容によって、つまり正義に適っているかによってではなく、法を制定する資格を定める規範が存在するからである、ということだ。

とはいえ、ケルゼンの脱‐正義としての「根本規範」論は、「法律に拘束されている」という法諺への偏向であるのみならず、そもそもローマ法の法観念を否定している。というのも、ローマ法の『学説彙纂』(1・1・1)によると、法(*ius*)は正義(*iustitia*)に由来するのであり、そのため法学者の仕事は、善と公正を探求することにあり、それは「神官」の仕事と形容されているからだ。私たちが「法学」と呼んでいるものが、一二世紀以降のローマ法研究の所産であることにはすでに触れたが、さまざまな価値観や世界観が対立しかねない「西洋の世界化」の時代にあっては、もはや歴史的由来や歴史的刻印など厄介払いされるということだ。それは、法の価値中立化とともに、法学の科学化を意味するだろう。

しかし、ここで少し立ち止まってみよう。**はたして、歴史的な積荷をすっかりおろしてしまっても、法は法でありうるのだろうか。**おろされた積荷に、法のあり方を考える手がかりがあるのではないか。例えば、フランスの言語学者エミール・バンヴェニストは、法と正義の語源について、以下のように指摘している(『インド＝ヨーロッパ諸制度語彙集Ⅱ』)。すなわち、両者はもともと区別されるべき概念で、前者は繰り返し用いられ解釈されることで、規範としての役割を果たした定型表現を意味し、創意発明など許さないという意味で、およそ科学とはなじまないものであり、後者は硬直的な前者を公正なものへと刷新するために、道徳的な観念を形成するものである。つまり、ある表現が反復されることで、規範観念を形成し、さらにその規範観念は道徳的観念とともに解釈され、たえず刷新されることで公正であることが確認されうる、これが語源から見た法である。この法観念は、歴史的なもの以外の何ものでもないだろう。

ここで語源を持ち出したのは、起源を求め、その起源にこそ真理がある、などと言うためではない。そうではなく、語源に関する井筒俊彦の明快な言葉を踏まえて言えば、漠然とした何ものか（〈無限定者たる存在〉）が形（〈限定態〉）をとることになる「決定的瞬間」を把握することで、その何ものかの忘却された一面に迫るためである（「禅における言語的意味の問題」）。おそらく、法と正義の語源から窺えるのは、近代以前の、あるいは「西洋の世界化」以前の西ヨーロッパの法規範の観念である。

ケルゼンの「根本規範」論は、一方では「西洋の世界化」という現実に即応しつつ、そう言って良ければ、法が生産される規範であるという近代固有の観念を反映している。規範の生産のプロセスに「根本規範」が事後的に確認できれば、その規範は法であり、生産者は権力である。さもなければ、その規範は盗賊の脅迫にすぎない。

しかし、語源から見れば、そもそも法の法たるゆえんは、生産のプロセスにではなく、人の意のままに生産できるものではないことにこそあったのではないか。そのことを考慮に入れなければ、私たちが立憲主義と呼ぶもの、つまり権力を法によって馴致（じゅんち）することも、法秩序の要とはならず、むしろ空疎なスローガンに堕するのではないか。

権力の変質――〈職務〉から決断へ

政府と盗賊、言い換えれば、権力と暴力を分かつものを見極めるにあたって、留意しなければならないことがある。すなわち、この生産される規範という法観念は、そもそも権力の観念を変質させてしまった、ということである。

例えば権力は、一般に、「ある人もしくは団体が、一定の個人や集団を自己の意思に従わせる強制力」などと定義できるだろう。あるいは立法権（立法する権力）は、「国家と個人や、個人相互の関係を規律する一般的な法規範を、制定する権力」などと定義できるだろう。それらの定義は、権力や立法権のあり方を言い尽くしてはいないにしても、おおよそ間違ってはいないだろう。しかし、法が生産されるものであり、法秩序が創造されるもの（神による世界の創造のように）であるなどという、近代的な理念へと踏み出した一三―一四世紀の西ヨーロッパでは、立法権はそれとはまったく異なるものだった。

「再発見」されたアリストテレスのテクストを、カトリック信仰に積極的に取り入れたことで知られる一三世紀の哲学者・神学者トマス・アクィナスは、神の被造物である自然には神意が内在しており、人は自らの理性によって自然を観察することを通じて、神意の成就に参画しなければならないとした。この世界観とともに、当時の法学者たちは、「法は自然を模倣する」と考えることになった。その法観念は、ただちに立法権、立法者の観念に反映されることになる。エルンスト・カントロヴィチは、次のように言う。「立法者はその力を神的なインスピレーションから得て、無から法的判断と法的技術を創造する」、と(「芸術家の主権」)。ただし、ここで重要なのは、「神的なインスピレーション」とは言っても、それは「芸術的あるいは詩的才能」を指すのではなく、「職務によって(*ex officio*)」行うこと、言い換えれば「職務に従って自然を模倣する」ことを意味するということだ。

その「職務」が「自然」を、あたかも再生産するかのように見なされたことから、立法者は地上における神のようなものと考えられ、この形象はやがてボダンの〈神の似姿〉としての主権者として結実する。こうした系譜が、世俗化とともにシュミットの決断主義へとつながるのは言うまでもない。

ただし立法者が、先に見た「息をする法律」のようなローマ法の法諺を動員しつつ理想化されたにしても、生身の個人としてではなく、あくまでも「職務」として捉えられていたことに注意しなければならない。「職務」である以上、法に拘束されるのである。この点を強調したのが、トマス・アクィナスによるアリストテレスの「息をする法律」解釈だった。すなわち、立法者たる王は、自らが制定する実定法から「解放されている」にしても、実定法からなる法秩序が自然を模倣しなければならない以上、自然法には「拘束されている」のである（カントロヴィチ『王の二つの身体』）。

「職務によって」ということが何を意味するかは、一二世紀の思想家ソールズベリーのジョンが明らかにしている。すなわち、それは王個人の私的な意思よりも人々に利することを重んじ、正義を愛し、衡平を尊重し、公的な事柄＝国（*res publica*）の利益をもたらすことを意味する。したがって、王であるということは、法律の主人であると同時に、法律の「下僕」ないし「奴隷」でもあるということを意味するのである（『ポリクラティクス』）。

したがって、**権力は「職務によって」行使されることで、権力であるのであり、さもなければ盗賊の暴力に他ならない。そこには私的な意思や欲望が働く余地があってはならないのである。**それは言うまでもないようなことではあるが、ラ・フォンテーヌが描くように、人が意のままに法を生産することができるかのように信じられた近代においては忘却されているのではないだろうか。むしろ、権力が果たすべき「職務」は、それぞれの社会や文化が依拠する世界観に、つねにすでに書き込まれているのであって、正義の観念を呼び起こすことで解釈し直すべきものではあっても、意のままになるものではないはずだ。

そのことは、私たちが法学と呼ぶものの出発点において定まっていたと言っても良いだろう。すなわち、聖書とともにローマ法を「書かれた理性」として信奉し、その絶えざる解釈に社会のあるべき姿を求めたときに、すでに定まっているのである。この歴史的事実は、好むと好まざるとに関係なく、規範を法学的に考える限り揺らぐまい。

このような観点からすると、既存の法秩序を宙づりにし、主権者の決断に依存する決断主義においては、たとえ主権者がひとつの人格ではあっても、つまり制度的な存在者ではあっても、その人格概念は、もはや「職務」ではなく、過度に実存主義化されたものだと言うべきだろう。シュミットが「主権者とは非常事態についての決断者である」と言うとき、その「非常事態」とは法という原則によっては規定しえない何ものかを意味しており、それは常態に対する「例外」に相当するものである。そして、この「例外」にこそ、人間的な生の発現を見るシュミットが依拠したのは、キルケゴールだった(『政治神学』)。

権力の本質が、「非常事態」や「例外」によってこそ明らかになるとするならば、これほど物騒な権力はない。というのも、この権力を拘束するのは、突き詰めれば、もはや権力に決断をゆだねるという意志あるいは信しかないからだ。しかし、意のままに生産される法という観念による法の価値の切り下げと、さらに「非常事態」の常態化が、この権力論を可能にしたのである。

ゲームとしての社会

ここで言う「非常事態」の常態化とは、第一次世界大戦後から現代までの世界が直面する問題を指している。戦線と銃後との境界線を抹消し、総動員体制と呼ばれる政治と産業との協同システムの構築を要請した第一次世界大戦後の世界は、戦争状態の日常化を経験し、そこでは「非常事態」が常態化したのである。「貿易戦争」、「テロとの戦争」や「ウイルスとの戦争」など、「戦争」という言葉は、単なるレトリックではなく、事実認識を表現している。かつてホッブズは、権力によって支配されている状態（「市民状態」）の外に「各人の各人に対する戦争がつねに存在する」（『リヴァイアサン』一六五一年）、あるいは古代ローマの詩の一節「人間は人間にとって狼である」という言葉は国家間の関係に関する真実である（『市民論』一六四二年）と言ったが、世界戦争は戦争状態を国家の内部に折り込んだのである。

国家内部に折り込まれた戦争とは、どのようなものだろうか。一般には、ホッブズの戦争状態は「自然状態」として知られるが、国家が「自然状態」に陥ったことを意味するのだろうか。そうではない。外にあったはずの戦争が、国家内部に折り込まれている事態が意味するのは、ミシェル・フーコーがホッブズの「自然状態」を形容した言葉を借りると、「表象のゲーム」

として折り込まれているということである（『社会は防衛しなければならない』）。

すなわち、国家に先立つ起源としての戦争があって、その戦争を克服するために国家が成立するのではなく、計略や策略によって周到にむき出しの暴力が管理される「ゲーム」である。たとえ、戦争と呼ばれるものが出来しても、それは産業と連携した政治上の「ゲーム」として遂行されるのである。さらに言えば、たとえ絶対的に制御不可能な核兵器の時代が到来しても、制御可能性の幻想のもと、戦争は「ゲーム」として遂行されるのである。

そうすると、二つの要因からメタ‐法が探求されることになる。一つは、「非常事態」と見なされる戦争を、「ゲーム」として法の下に馴致すること。もう一つは、常態化した「非常事態」を、法（則）によって説明することである。

そうした探求の一つに、サイバネティクス理論を挙げることができる。サイバネティクス（cybernetics）とは、この語の提唱者ノーバート・ウィーナーによると、ギリシア語 kybernētēs（舵手）にもとづく造語である（『人間機械論』）。そして、このギリシア語の言葉を同じく語源とするのが、支配者＝調速機（governor）である。要するに、ウィーナーは、「支配者」に代わる言葉として「サイバネティクス」を提唱したのである。

なぜ、ウィーナーは舵手として、「支配者」ではなく「サイバネティクス」を必要としたのだろうか。その動機について彼は、二〇世紀の物理学（量子力学）において確率論的な世界観が現れたことを挙げているが、より直接的には人と機械とを問わず、情報伝達の仕組みを解明・コントロールするメッセージ理論を確立するためだった。興味深いのは、このメッセージ理論が対象とするのは、人の心理や神経系を考察するための、さらには機械のみならず社会をコントロールするための科学的方法であることだ。もはや「支配者」などなくても、**社会はコントロールできる**、ということだ。

では、なぜ、「支配者」は厄介払いされるのだろうか。この点については、第二版では削除された初版の一節が示唆している。すなわち、「ファシストや実業界や政界の有力者」など「権力欲の野心家」が好む、「あらゆる命令が上から天降り決して戻ってはこないような組織」とは異なる社会観が必要であると考えたからである。そのため彼はその『人間機械論』（一九五〇年）を、「人間のこのような非人間的な利用に対する抗議に捧げたい」と言う。

その点に関連して興味深いのは、ウィーナーがジョン・フォン・ノイマンの「ゲーム理論」に触発されていることだ。ウィーナーは「チェス指し機械（chess-playing machine）」を例にとって、機械が社会と産業に与える影響について語っている。すなわち、機械が学習能力さえ与えられれば、「戦争や政治の戦術や政策を扱う学習機械にも使えるかも知れない」。サイバネティクスに対して、機械（「支配機械（machine à gouverner）」）による支配がもたらされるという批判がなされたのだが、ウィーナーは、むしろ一部の人間が他の人々を管理するのに機械を利用することこそ恐れるべきであると応じる。昨今の人工知能(AI)をめぐる論議が想起されるが、ここでは法の問題に立ち戻ることにしよう。

法もまた、情報に還元可能なものとして捉えられる。ウィーナーは法を、異なる諸個人の行動を結びつける「カップリング」を調整するプロセスとして定義し、そのプロセスによって、「私たちが正義と呼ぶもの」が実現されるようにし、紛争が避けられるように、少なくともその決着が予測判断されるようにする、と言う。

「正義」とは言うが、その多様性に配慮し、具体的な内容を掲げた道徳律のようなものではなく、フランス革命のスローガン「自由・平等・友愛」程度の自由主義的な規範にとどまる。また、法が権威の管理下にあるとも言うが、その権威は支配者のような権威ではない。立法者や裁判官が権威として想定されているが、彼らに求められるのは、「その時代の普通の人が唯一つの仕方で解釈するような明瞭で曖昧さのない陳述」であって、そうすることで法を「コミュニケーションとサイバネティクスの問題」としてコントロールすることを目的とする。そこでは、法廷という「闘争」の場も、原告、被告、判事・陪審員の三要素からなる「完全にフォン・ノイマンの意味でのゲーム」として捉え直される。もはや法は、**市民生活という名の「ゲーム」のルールにすぎない**のである。

第三節　自由とユートピア

支配者なき社会というユートピア

もし市民生活という言葉が、人間としてのさまざまな権利が保障された状態の上で、言い換えれば、生命の安全と一定の生活レヴェルのすでに保障された状態の上で、好きなだけリセットできる生活を指すのであれば、そのような「ゲーム」とルールに身をゆだねることもできるだろう。しかし、ヴァーチャル空間でもない限り、人は情報に還元できないのであり、たとえ人の行動はもちろん、戦争や災害などが、不確定性の名のもとに、この「ゲーム」に織り込まれているとしても、ただちにそれぞれの個人の人間的生が保障されるとは言えない。存在（「……である」）と当為（「……しなければならない」）が異なるように、量子力学や情報科学が描く**確率論的な存在の世界と、人間が住まうもう一つの世界、つまり非確率論的な当為の世界は異なる**のである。

にもかかわらず、この二つの世界を合致させようと試みられるのは、なぜか。少なくとも、その試みの動機は、二〇世紀の災厄や科学の進展にあるのではない。むしろ、それらに先立つ支配者なき社会というユートピアの追求に駆動されているのではないか。

例えば、ガヴァナンス(governance)論を取り上げてみよう。フランス革命前にはフランス北部やフランドル地方で、王の裁判権や支配を意味する言葉として、ガヴァナンス(gouvernance)という語が用いられていたとされるが、今では英語圏での意味で用いられている。すなわち、国家の公権力と競合する語であり、要するに「サイバネティクス」同様、「支配(government)」に代わる語として用いられているのである。具体的には、国家機構にあっては意思決定に際して透明性に配慮しつつ、決定に加わる諸々の当事者(社会的パートナー)間の協議と交渉を経て諸利害の調和を図る方法であり、企業にあってはより効率的な意思決定の促進を意味している。透明性を重視していることから、一見すると、民主的な意思決定を指向するようにも思われるが、実際にはあくまでも意思決定に参画する者の利害調整が図られることから、民主性は限定的であって、むしろ社会的な対立や紛争をないものと見なす「全体主義的なユートピア」とも評される(アラン・シュピオ『法的人間』)。

ガヴァナンス論が政治の領域において台頭した背景として、しばしば、第二次世界大戦後の中央政府への不信感や、中央集権的体制の機能不全などが挙げられる。つまり、議会や裁判所、官僚制といった公的な機構に依存するのではなく、NGOやNPO、企業、団体といった私的なエージェントにも政治的な意思決定への参画の道を開くべきだ、と。それは多様な利害を調整するべく要請されたのだが、その意思決定は公的機構による権威ある決定ではなく、当事者による合意形成という協調を前提とする決定であるという意味で、その要点は、支配者という権威の排除にある。それは**決断主義を排除するという点では、第二次世界大戦後に現れた試みといえるが、支配者なき秩序を指向するという点では、あくまでも近代的なイデオロギーの一つである。**

　というのも、支配者への不信感や権威的決定の機能不全は、支配者や権威が真正な権力ではなく盗賊であるとするようなイデオロギーによって表現されるからだ。その一つが、リバタリアニズムと呼ばれる立場だ。多様な政治的主張からなるリバタリアニズムを一括りにすることは慎むべきだが、序章でも触れた海上都市国家を構想する「シーステディング研究所」が掲げる目的は象徴的だ。すなわち、政治的自律性を備えたコミュニティーを建設することであり、その動機は「人類を政治家から解放する」ことにある（渡辺靖『リバタリアニズム』、およびシーステディング研究所ＨＰ：https://www.seasteading.org/about）。それが、まさに支配者なき社会というユートピアの構想であるのは言うまでもないが、重要なのは、他のリバタリアン同様、古典的な自由主義の理念に根差していることだ。すなわち、自由市場・最小国家・社会的寛容である。

　この理念の出所の一つが、一七世紀イギリスを代表する思想家ジョン・ロックであることは、よく知られている。ところで、ロックの主著『統治二論』（一六九〇年）は、近代的な所有権（property）の観念を梃子にした制度論として知られている。そのことからロックの自由主義は、後には「持てる者」の自由を主張したイデオロギーと解されることになる。つまり、一九世紀のブルジョワ自由主義や議会主義のイデオロギーだということだ。たしかに、ロックの制度論における法治国家の観念は、決断主義への批判として重要な意味をもっている。しかし、今なお、リバタリアニズムの源流として語られるこの自由主義の意義は、それだけに尽きない。そこで、ロックの自由主義のもう一つの側面に注目してみよう。

ロックの自由主義

興味深いのは、この所有権の対象に、動産や不動産などのモノのみならず、人間の身体や人格までもが含まれることである。それは、英語の《property》という語が、「財産」や「資産」のみならず、「固有性」や「属性」をも意味することから理解されるべきかもしれないが、他方で、そこには『統治二論』の成立事情が深く関係している。同書は、ロック自身が記しているように、ロバート・フィルマー『家父長制君主論（*Patriarcha*）』（一六八〇年。原稿の完成は一六三〇―四〇年代）への批判として書かれたものだった。これら二つの書の刊行の背景は脇に置くとして、ここでは両書の論旨を確認するにとどめよう。

イギリスの政治思想史学者クエンティン・スキナーによると、一六世紀は絶対主義イデオロギー誕生の時代であると同時に、それに対抗する立憲主義思想や人民主権論が出現した時代でもあった(『近代政治思想の基礎』)。先に触れたボダンが前者を代表する一人だとすると、後者には、例えばイエズス会士フランシスコ・スアレスがいた。一七世紀の思想家フィルマーは前者に依拠しつつ、後者を批判するべく、王権神授説を主張したのだった。すなわち、聖書に法の出所を求めるスアレスは、アダムには経済的権力があるにせよ、政治的権力はなかったと提唱したのに対して、フィルマーは神がアダムに政治的権力を与え、アダムから家父長たちはこの権力を継承したのだと主張したのである。

フィルマーは、この権力を「父」としての権力と位置づけ、その権威は聖書の一節「汝の父を敬え」に由来すると言う。実際には、この「モーセの十戒」と呼ばれるものの一つには「汝の父母を敬え」(『出エジプト記』第二〇章第一二節)とあるのだが、フィルマーにとって、神から権力を託されたのはあくまでもアダムであるため、「母」は排除される。フィルマーにおいて、規範の絶対的な起源はアダムとその継承者たち、つまり支配者たる「父」だ。

王は、彼よりも下位の父たちとその子供たちの上に、「普遍的な父」として君臨する(『家父長制君主論』)。言い換えれば、父たちの階層秩序の絶対的な頂点にある。その絶対性は、下位の者たちの世話を焼き保護をするだけではなく、生殺与奪の権としても表現され、それゆえ絶対的な権力者は、動産・不動産のみならず人々の生命をも自由に処分しうる絶対的な所有者として立ち現れるのである。

ロックの所有権を梃子にした制度論が効果を発揮するのは、こうした支配者が同時に所有者でもあるようなイデオロギーへの批判においてだ。フィルマーは、ボダン同様、立法者たる王は「神の法」ないし自然法に拘束されるが、実定法を超越しており実定法には拘束されないと言う。ここでも立法者は「法律に拘束されている」／「法律から解放されている」というローマ法以来の問題が付きまとうのだが、ロックはフィルマーにおいて王が「法律から解放されている」という点を強調する。というのも、ロックにとってフィルマーにおける王は、すべての被造物の「所有者」、「全世界の所有者」であるからだ（『統治二論』前篇）。

そこでロックは『統治二論』後篇において、所有権を政治的支配の問題と切り離して法秩序を構想する。ロックによると、さもなければ「人間は最強のものが支配する獣の世界の法則に則って共同生活を営む」ことになりかねない。あるいは、人間が「スカンクやキツネからの危害を避けることに注意するが、ライオンに喰われることに満足する」ことになる、とも言う。先に、ラ・フォンテーヌの寓話が描くのは、近代的な法のあり方への批判であることを確認したが、ロックの比喩もまた近代的法秩序を問題にしていると見てよい。

例えばカール・シュミットは、ロックの比喩がホッブズへの批判であると指摘している（「ホッブズと全体主義」および『レヴィアタン』）。ロックに対してホッブズを擁護するシュミットによると、ホッブズの決断主義は、国家権力が国民を保護し、国民が国家権力に服従するブルジョワ的法治国家の理念であって、むしろロックの立場はその「封建的・等族的・教会的抵抗権」によって「無政府状態」を容認しかねない(『レヴィアタン』)。

ロックの『統治二論』後篇は、「暴政」に対する抵抗権で知られる。抵抗が許されるケースとしてロックが挙げている例は、象徴的だ。すなわち、たとえ人は「戸外」なら「身柄」を支配者によって拘束されても、支配者が「家に無理に押し入ろう」とすれば、その行為は「泥棒や強盗」のそれであるというのである。これもまた権力と暴力とを分かつものという伝統的な問いだが、ロックが基準としたのは、行為の場所が「戸外」／「家」、そして行為の対象が「身柄」であるということなのである。つまり問題となっているのは、ロックの言う「所有権」の侵害である。

なぜ、「所有権」が保護されなければならないのか。ロックによると、身体は神の被造物であり、その身体によって労働することは神の命令であり、労働の対象となる土地や労働によって得られるものといった所有物は、神の命令の所産であるからだ(『統治二論』後篇)。

ここでロックの言う「神」とは、レトリックなどではないと見てよいだろう。というのも、スキナーによると、ロックはフィルマーが批判したイエズス会士スアレスらの抵抗権論を継承しており、さらに一六世紀のカルヴァン主義者たちのそれを踏襲していたからだ(『近代政治思想の基礎』)。ロックは労働の所産としての封建的領有権を決して排除していないので(『統治二論』後篇)、必ずしも一切の支配者を認めないというのではない。しかし、ロックの自然状態論は、**彼の自由主義が支配者なき社会を理想としていることを窺わせる**。というのも、ロックが万人の生まれながらの平等を主張するとき、そのことはすべての人が服従や従属関係にはないことを意味するからだ。一見すると、その理想は完全な自由を享受する自然状態と名づけられたユートピアに思われるが、神の命令としての自由は反転することになるだろう。

自由の反転——〈神秘体〉という全体社会

一九世紀から二〇世紀のドイツを代表する法制史学者オットー・フォン・ギールケ以来、自然状態論・社会契約論には奇妙な点が存在することが指摘されている。すなわち、**実定法が存在しないというのに、人が自らの安全を守るために、いったい、どうして共同体を形成する有効な契約を結ぶことができるというのか**、と。スキナーによると、この点についてロックは明確な解答を呈示しておらず、この問題を意識していたのは、彼が依拠したスアレスだった(『近代政治思想の基礎』)。すなわち、スアレスにおいて、生まれながらの自由と平等を享受する自然状態とは、人々が「単一の神秘体(*unum corpus mysticum*)」を構成しており、そのため人々は「単一の統一的な意志」をもって行動するため、単一の共同体を形成するべく契約をなしうるのである(Francisco Suarez, *Tractatus de legibus ac Deo legislatore*)。

「神秘体」とは、中世において、単一のものとしてのキリスト教社会を指す言葉だった。そのことを踏まえると、社会契約論は、キリスト教徒なら単一の政治的共同体を形成する契約を、当然にもなしうるという、いささかトートロジー的な事態を含意していることになる。言い換えれば、ロックの構想する社会契約に支えられた自由主義的な共同体は、実際には、社会契約以前にキリスト教徒であることが前提されているのであり、キリスト教徒としての自由を、キリスト教社会というひとつの全体社会において、キリスト教徒に保障することを目的とする。だからこそ、スアレスはその書のタイトルにも示しているように、ピエール・ルジャンドルの言葉を借りるなら、〈立法者たる神（*Deo legislatore*）〉を言祝いでいるのである（*Leçons VII. Le désir politique de Dieu*）。

ロックに立ち戻ろう。ロックは、身体をも「所有権」の対象としており、その身体は「所有権」者固有のものであるとしており、その意味において、身体によって自己と他者の分化が成就され、自由が要求されることになる。では、誰が、あるいは何が、その身体を自己固有のものとして主張しうるのか。身体が「所有権」の対象であるとすると、それを主張しうるのは、身体なき頭か、さもなければ身体なき魂だということになる。しかし、身体がなければ、自己と他者の差異は認識しえないのではないか。文字通り、そのような頭や魂は「単一の神秘体」を構成しているのではないか。ちょうど「神秘体」が、かつてはキリストを頭とするキリスト教会であったように、そこでは人は四肢を構成していることになるのではないか。とすると、自己と他者との分化は、「所有権」者自身によって主張されるのではなく、頭によって命じられること、つまり神の法によってしか成就されえない。

ロックは、自由とは他者の「所有権」を侵害しない限りのものであって、そのため法なくして自由はありえないと言うが(『統治二論』後篇)、自然状態においては、社会契約どころか、自己と他者の分化の契機が存在せず、したがって法も自由も存在しえないはずだ。自己と他者との分化を命じる神の法を前提にしない限り、社会契約にもとづく共同体は、ひとつの全体社会となるのである。これは、支配者なき社会の理想がもたらした事態である。その点について検討するために、近代のユートピア論の原点とも呼ぶべきものに立ち返ろう。

ユートピアの逆説——解放から全体主義へ

自由主義社会の〈起源〉が、「単一の神秘体」という、現代的に言えば、一種の全体主義的な観念によって支えられているのは、皮肉以外の何ものでもない。それは人々が「獣の世界の法則」を断固として排除し、人間の法の下での共同生活を営むために契約を結んだというフィクション(擬制)に起因する。この擬制は、まさにロックの自然状態がそうであるように、誰にも支配されることなく、人々が自らの意志で契約に服することを意味している。その意味においいて、それが理想としているのは支配者なき社会であり、全体主義的なものは支配者なき社会の前提であると言える。

そのことを如実に示しているのが、トマス・モアの『ユートピア』(一五一六年)である。モアの同書は、私有財産制度を批判したことで知られており、一見すると、所有権を核にしたロックの制度論とは対立するが、支配者なき社会とはどのようなものかを明快に描いており、ここではその点に注目することにしよう。

あえて言えば、『ユートピア』における私有財産制度への批判は重要ではない。モア自身は、プラトン『国家』に見られる、土地などの財産のみならず、妻や子供までをも共有する制度に「ユートピア」の共有制度をなぞらえ、さらにはアリストテレスらのプラトン批判から、その共有制度を擁護しているにせよ、共有制度自体がモアの「ユートピア」の核心をなしているのではない。スキナーが指摘しているように、それは決して西洋中世の共同生活や集産主義へのノスタルジーではなく、むしろ中世的な階層秩序への不信から生じた理想の秩序像である(『近代政治思想の基礎』)。そう言って良ければ、**それは平等な市民からなる新たな社会の創造であり、その意味において極めて近代的な秩序構想である**。

モアによると、私有財産制度が廃止されなければならないのは、それが存続する限り、持てる者が持たざる者を支配し搾取するからであり、そこでは法律さえ、持てる者の都合よく制定され運用されるからである。すなわち、持てる者は不正でさえ、法律(*lex*)の力で正義(*iustitia*)にしてしまうのである。まさに、モアにとって持てる者、支配者とは、権力ではなく強盗なのである。そこには、もはや権力と暴力を分かつものという問いすらない。それに対して、「ユートピア」においては、平等に教育も行き渡っているため、法律はわずかで十分であり、しかも裁判官や弁護士など専門家による解釈の必要などないほど平易であり、誰もが法律に通暁している、とモアは言う。

この「ユートピア」が、サイバネティクスの目指すものを想起させると言えば、言い過ぎだろうか。もちろん、『ユートピア』にサイバネティクスのような理論的な精緻さや科学性はない。しかし、権力への絶対的な不信と法的な権威の排除に支えられた、その秩序像には通底するものがある。それは、プラトンやモアたち、「ユートピスト」を分析したジル・ラプージュの言葉を借りると、支配者も法律も必要のない「自動運動のシステム」と言えるだろう(『ユートピアと文明』)。あるいは、ニヒリストとして知られる思想家エミール・ミハイ・シオランにならって、キリスト教的な世界観の喪失を埋めるようにして現れた「近代の妄想」や、「能率」への信仰と言うべきだろうか(「ユートピアの構造」)。

モアは、「ユートピア」では誰もが同じ衣服を身につけ、六時間労働し、四時に起床し二〇時に就寝すると言う。その描写は滑稽ですらあるが、スキナーによると、「驚くほど厳かな文体」で書かれている（『近代政治思想の基礎』）。それが全体主義と呼ぶべきものであるのは明らかだ。なぜ、滑稽なまでに全体主義的でなければならないのか。それは、支配者も法律もなくして秩序が存立するためには、平等性の帰結として誰もが同じことを意志しなければならないからだ。言い換えれば、法や権力からの絶対的な解放は、絶対的な法則性への繋縛をもたらすのである。おそらく、モアはそのような法則性の実在性について確信を持ちえなかったのだろう。というのも、よく知られているように、モアの造語「ユートピア」は、ギリシア語によるもので、「ないところ」、すなわち無-場所を意味するからだ。

とはいえ、そのことは法や権力のない秩序を戯画的に描いたことを意味するのではないだろう。むしろモアは、中世の法秩序に対して、近代的な理念を対置しているのである。すなわち、一定の土地とその住民を自らの実力によって維持・保護しうることで、支配者としての地位を承認される、ローマ法の所有権（*dominium*）の観念に支えられた中世の法秩序に対して、土地という場所の特権性を否定することで、所有という制度を否定するのみならず、実力を暴力と見なし、支配者を強盗と見なす理念である。その意味において、モアの「ユートピア」は紛れもなく、**既存の法や権力からの解放という自由を希求して全体主義に陥る近代固有の物語**なのである。

〈近代的な態度のパラドクス〉──カントと近代

自由を求めて全体主義に陥るとは皮肉だが、それは近代という時代が掲げてきた理念の帰結でもある。

そもそも「近代(modern)」という言葉は、ラテン語《*modernus*》に由来する。それは、「当世風の」とか「新しい」といった意味の言葉で、西洋はある時から、この言葉を自らが生きる時代を指す言葉として用いるようになった。要するに、前の時代と自らの時代とをはっきりと区別するために用いられたのである。それは、前の時代の価値観や世界観を否定的に捉え、自らの時代をそれに対置して肯定的に表現している。その契機には、ルネサンスや宗教改革、身分制秩序の解体など複合的な事情が存在するが、いずれにせよ、ここでの関心に沿って言えば、前の時代の法秩序を無知蒙昧や因習にとらわれたものとして批判し、そこから脱却すべく新たな法秩序を創造し、称揚することを前提にしている。

ところで、ミシェル・フーコーはこのような「近代的な態度」を定式化したものとして、カントの小論「啓蒙とは何か」(一七八四年)を論じている(ミシェル・フーコー「啓蒙とは何か」)。フーコーのこの論文は、カント以降、哲学が課題としているものや課題へのアプローチを呈示した重要なものではあるが、ここでは法をめぐる「近代的な態度」という観点からカントの小論を見ておこう。

カントが論じている「啓蒙(Aufklärung)」とは、いわゆる啓蒙主義や啓蒙思想の「啓蒙」で、一八世紀中頃から用いられるようになった言葉だと言われる。おそらく、カントが論じた一八世紀末には、それはまだ新語と言って良い言葉であり、カントはそれを定義したのである。カントは小論の冒頭で、以下のように言う。「啓蒙とは、人間が自分の未成年状態から抜けでることである」。つまり啓蒙とは、権力や権威への盲目的な隷従(「未成年状態」)から脱して、理性的かつ自律的な主体(「成年」)になることだ、とカントは言う。カントによると、諸々の制度や手続きは往々にして、人を「未成年状態」につなぎとめる「足枷」であり、この「足枷」から解放されなければならない。

そこで、「啓蒙」を実現するには「自由」が必要とされる。ただし、この「自由」は一般に言われるそれとは少々異なることに注意しなければならない。すなわち、ここでカントの言う「自由」とは、「理性(Vernunft)」の公的な使用の自由である。それに対して、同じく「理性」の私的な(個人的な)使用は制限される。

カントが挙げている例を、一つ紹介すると、人は税金の額について不平を述べたり、納税を拒否したりすると、処罰されなければならないが、その人が「学者」として、広く人々に向けて、税が適正か否かについて自説を発表することは自由でなければならない、とされる(権力を「強盗」と揶揄しても良いが、金は差し出さなければならない、ということだ)。つまり、職務上の、あるいは市民としての義務を遂行する際には自由は制限されるが、「学者」として「著書や論文を通じて」人々に訴えかけるときには自由が制限されてはならない、とカントは言う。

ここで「学者」という自由を享受する条件に拘泥する必要はない。とりわけ、さまざまなメディアの発達した現代においては、誰もが「学者」のように自説を開陳できるからだ(「フェイク」が告発され、「ファクト・チェック」が要求される状況は、皮肉にもそうした現実を証明している)。むしろここでは、「近代的な態度」と法との関係に注目しよう。カントのこの小論は、とりわけ宗教をめぐる問題に権力が干渉することを批判したもので、〈信教の自由〉や〈良心の自由〉などと呼ばれるものが問題となっている。序章で見た、信仰を断念するのではなく、自由の対象としたあの価値の転換だ。カントは価値の転換を可能にする条件について語るのである。

「近代的な態度」とはまさにその条件であり、具体的には、自由を享受し、自らの責任を自覚するよう促す。その結果、それは既存の制度を「足枷」として捉えるだろう。そこで、カントは国民が自らの理性を公的に使用すること、言い換えれば、法改正や既存の法への批判など、自由に「論議する」ことを求める。ここで言う「論議する」とは、ドイツ語《räsonieren》であり、フーコーによると、カントの三批判においてそうであるように、「理性がそれ自身以外の目的を持たないような理性の使用」を意味している(フーコー「啓蒙とは何か」)。そのため、カントはこの論議が決して暴力に訴えることはなく、法秩序に危機をもたらすことはないと言い、この小論の名宛人であるプロイセン国王フリードリヒ二世(一七一二―八六年)なら、次のように言うことができるはずだと言う。すなわち、「君達はいくらでも、また何ごとについても意のままに論議せよ、ただし服従せよ」、と(カント「啓蒙とは何か」)。

カントはこうした事態を、「パラドクス」と形容する。**理性の公的な使用の自由は、啓蒙専制君主という制限の下での自由である**、と。フーコーは、これを「理性的な専制と自由な理性との契約」と呼ぶ(フーコー「啓蒙とは何か」)。それは、**「近代的な態度」が一種の緊張関係にあることを意味する**だろう。自由を享受する者にとって、この契約が緊張関係を抱え込んでいるのは言うまでもないが、君主にとってもそうであることは、この小論の次のような一節が示している。「立法者としての君主の威望は、彼が国民の総意を彼自身の意志に統合することによって成立する」(カント「啓蒙とは何か」)。

国民ないし人民の意志が、君主を拘束するという理念は、古代以来見られるもので、それ自体は必ずしも近代的ではない。むしろ興味深いのは、カントがロックに見られるような抵抗権を主張することなく、理性を介在させて、あるいは理性を審級として設定し、君主と国民の双方を緊張関係に置いていることである。ここで想起すべきは、先に見たカントの「世界市民的見地における普遍史の理念」の「第六命題」だ。すなわち、人々の自由の濫用を防ぐためには、支配者を必要とするが、「正義の権化」であるような支配者などいない、という問題である。

結局、カントが導き出した結論は、理想に接近するように努めるしかないというものだったが、そもそもこの人類に課された課題とカントが呼ぶものは、何を意味するのだろうか。

ここではそれを、〈近代的な態度のパラドクス〉と呼ぶことにしよう。「近代的な態度」は、自由の理念に従って、法秩序を創造すべきものと見なす。そして、この「態度」は理性の論議に従うため、法秩序の創造を、「奇蹟」と形容されるような支配者の決断にゆだねることはしない。しかし、他方で、科学的な法則性が、人間の社会を現実に支配しているとは信じない。そこで、支配者なき秩序という理想と、理想の追求が支配者による庇護のもとで保障されるという現実との〈パラドクス〉に陥るのである。

この〈パラドクス〉が西洋の歴史の所産であるのは、言うまでもない。とはいえ、まさに近代という時代において、西洋の歴史のさまざまな所産は、普遍性の名のもとに非西洋にも拡散された。それらが拡散されたことで、制度的な次元でのインフラストラクチャーが整備され、世界は**文字通り、ひとつの世界となった**のである。では、この〈パラドクス〉を含めて、法をめぐる西洋の歴史の所産は、非西洋ではどのように展開されることになったのだろうか。西洋が普遍的だと信奉する法も、非西洋にとっては決して普遍的ではなかったはずだ。植民地主義の歴史が示すように、西洋の歴史の所産の拡散を可能にしたのは暴力だった。しかし、**暴力が暴力のままでは法は成立しえない**。

法は、ラ・フォンテーヌの言う「最強の者の理屈」ではなく、理性と呼びうる理由を必要とする。いかにして、西洋の法が非西洋において規範として確立されうるのか。ここでは、日本における展開をその一事例として垣間見ることにしよう。

第二章　「大日本帝国ハ万世一系ノ天皇之ヲ統治ス」
――近代法と日本

擬洋風建築(1872年竣工．第一国立銀行，通称三井ハウス)

第一節　何（誰）が自由と理性を保障するのか？

日本と〈近代的な態度のパラドクス〉――福澤諭吉と国家

日本史の時代区分などという些末な問題には立ち入らず、ここでは日本の近代は、いわゆる「開国」によって始まったとしよう。すなわち、日米和親条約（一八五四年）をはじめとする、西洋諸国との間に「不平等条約」が締結された出来事を契機として、近代は始まった。それ以降、西洋諸国から国際法秩序の一つの〈主体〉としての地位を承認されるべく（そうすることで「不平等条約」が、平等な条約へと改正されるように）、既存の法秩序は、西洋において国家と呼ばれる法秩序へと鋳直されたのである。その意味で、日本において近代化とは国家化に他ならず、近代以前に、日本に国家なるものは存在しない。

もちろん、同じことは西洋にも言える。ピエール・ルジャンドルが、国家という概念を、古代のヨーロッパの法秩序に適用すべきではないことを強調しているように（「ラテン一神教としての国家」）、それは中世末期にラテン語《*status*》（「状態」）から生まれた概念である。その語源から、国家概念は多くの論者によってさまざまに論じられてきたが、ここでは立ち入らないことにしよう。ただ、それは西洋において一定の制度一式を意味し、日本はその制度一式を取りそろえようとすることで、近代という時代を迎えたということを銘記しておこう。

では、その制度一式の受容において、法や立法といった概念は、どのように捉えられたのだろうか。例えば、〈近代的な態度のパラドクス〉はどうだろうか。

福澤諭吉は、『学問のすゝめ』第四編(一八七四年)において、「学者の職分」について論じている。そこで問題とされているのは、西洋諸国の圧倒的な国力を前にして、独立すら危ぶまれる日本の当時の状況で、「学者の職分」はどうあるべきかというものである。とりわけ、福澤の認識では、明治維新後も政府は依然として「専制の政府」であり、「人民は依然たる無気無力の愚民」であり、その状況で「学者の職分」が問われなければならない、というのである。

福澤によると、幕藩体制において儒学者が幕政や藩政に携わったように、「学者」が官吏として政府の一翼を担っていることが問題である。尊敬すべき「学者」といえども、官吏としては見るべき成果をあげることができず、そのことが近代化の進まない一因をなしている、と福澤は言う。さらに、新聞紙等の出版物や政府への「上書建白」は、政府に媚び、自らを卑下し、政府とともに近代化に貢献すべき「国民」はその「本色」を発揮していない、とも言う。その認識は有名な一節、「日本にはただ政府ありて未(いま)だ国民あらずと言うも可(か)なり」に凝縮されている。国家という観念が受容されて間もない当時にあって、国民国家体制(nation-state system)

を構成する「国民(nation)」がいないのはやむを得ないとも言えるが、それほど福澤は危機感を抱いていたのだろう。いずれにせよ、近代化に貢献すべき知が権力に回収されることを警戒する福澤は、「学者」は民間人であるべきだと主張する。

福澤の主張は、一見すると、自由と理性の追求を掲げている点で、西洋近代の政治理念の受容と言え、そもそも『学問のすゝめ』というタイトル自体が啓蒙主義を想わせる。しかし、次のような一節を踏まえると、事態は別の様相を帯びるだろう。すなわち、「政府も日本の政府なり、人民も日本の人民なり、政府は恐るべからず近づくべし、疑うべからず親しむべしとの趣(おもむ)きを知らしめ」るべきだ、と。

これに関連して興味深いのは、福澤が国家を人体になぞらえ、政府は人体の活力であり、人民は食事や大気、日光のように人体に外から活力を与えるもので、両者が内と外から人体を支えている、と福澤が説明していることだ。この点は、〈近代的な態度のパラドクス〉と大きく異なる。というのも、〈近代的な態度のパラドクス〉にあっては、君主と国民との緊張関係が前提されていた。それに対して、福澤においては、緊張関係は対外関係へ投影され、国内には存在しないのである。これでは、**自由と理性が何(誰)によって保障されるのかが宙づりにされ、〈パラドクス〉はそれと気づかれないことになるだろう。**

「学者職分論」――論争に欠けていたもの

ところで、『学問のすゝめ』第四編は、論争の種となった。その論点を確認しておこう。後に日本の「啓蒙思想家」と呼ばれる人々が反論したのである。すなわち、明六社の面々だ。明六社とは、明治六年(一八七三)に結成された学術結社である。そのメンバーの多くは、幕末以来、西洋の諸学問を研究・教授し、明治維新後は新政府の官吏となっていた。福澤もまた明六社のメンバーだったが、福澤は再三の求めに応じず官吏にはならなかった。

明六社の雑誌『明六雑誌』第二号(一八七四年)は、「学者職分論」特集だった。加藤弘之、森有礼(ありのり)、津田真道(まみち)、西周(あまね)といった当時を代表する思想家が、福澤の論を批評・批判している。概して、それらは福澤の「学者」は民間人であるべきだという主張に一定の理解を示しつつも、政府と国民の知のバランスが必要だと論じている。そう言って良ければ、それらは凡庸な反応を示したにすぎないのだが、注目すべき点も見られる。例えば、加藤弘之はドイツの国家学者コンスタンティン・フランツの『国家生理学入門』(一八五七年)に依拠し、自由主義にも共産主義にも欠陥があることを指摘し、福澤の立場が自由主義的であることを批判している。すなわち、自由主義は国民の自由と権利を重んじるあまり、権力の弱体化をもたらすのみならず、教育や通信など国家が担うべき事業を民営化し、公益に反する結果をもたらしかねず、他方で、共産主義は権力の肥大化のために、国民の自由と権利が侵害されかねないのであり、福澤は前者の弊害を容認するおそれがある、と(「福沢先生の論に答う」)。

加藤の福澤批判は、福澤が「人身窮理(じんしんきゅうり)」、すなわち人体の生理学のような科学的観点から自説を正当化しようとしていることから、フランツの同書に依拠したのだろう。つまり、より厳密だと思われる科学的法則性の知によって対抗しようとしたのである。しかし、これでは、自由主義と共産主義とをともに斥けるという立場が前提する、政府と国民との緊張関係は、科学的法則性への信に解消されるだろう。結局、〈近代的な態度のパラドクス〉は後景に退くのである。

ちなみに、フランツの同書は、一八八二年に『国家生理学 第一編』として抄訳が文部省翻訳局から刊行され、残りは一八八四年に『国家生理学 第二編』として同局から刊行されている。国家という制度、規範の次元に属する事柄が、科学的事象という存在の次元に属する事柄と区別されなければならないことはすでに述べたが、両者を区別しない言説に過度の信をおくのは、日本の近代化の一つの様相だと言って良いだろう。ついでに言えば、一八八二年には、トマス・モアの『ユートピア』が、当時大蔵省に勤務していた井上勤によって翻訳されている(『良政府談』)。『ユートピア』は、その後もたびたび翻訳が出されているが(『理想的国家』、『ユートピヤ』など)、初めての訳書がこの時期に刊行されているのは、決して偶然ではない。というのも、後に見るように、この時期にまさに日本では近代化が本格化するからである。しかも

『ユートピア』は、後にはプラトン以来の社会主義思想の系譜に位置づけられることになるが、この時期には文字通り、理想の国家論として捉えられていた。

論争に戻ろう。津田真道は、福澤の人体の比喩に不満を述べている（「学者職分論の評」）。国家を人体になぞらえることを批判しているのではない。むしろ、比喩を徹底して、政府が精神に相当し、人民は身体に相当すると見なすべきだ、と津田は言う。そうすると、人民は精神としての政府への隷従を強いられそうなものだが、津田は反転する。むしろ、人民に気概がないために、日本は絶対主義的な国風であると嘆き、そこで人民に「自主自由の気象」を浸透させ、抵抗権を確立すべきだ、と。

津田のこの論は、一方で、国家を人体のように、文字通り一体のものと捉えておきながら、他方で、抵抗権を主張していることから、そこには論理性がないと言ってしまえばそれまでだが、ある意味では福澤と問題意識を共有している。すなわち、「自主自由の気象」の欠如である。福澤は基本的に抵抗権を否定しており、それはカントの抵抗権否認と異ならないとも言われる（西村稔『福澤諭吉』）。しかし、そのことは専制政治をも容認することを必ずしも意味しない。というのも、『学問のすゝめ』第六編（一八七四年）によると、政府は国民の代表であり、政府は国民を保護し、国民は政府の制定する法律に従うことが、政府と国民との間の契約によって定まっているからだ。つまり、政府への不服従は、自身への不服従を意味するのである。それはカントの自律を想起させる。

とはいえ、政府が「暴政」に陥らないという保証はない。では、どうするか。津田は、抵抗権を主張したが、福澤は「天の道理」を信じ、「正理」を唱えて、政府に改革を迫るべきだと言う(『学問のすゝめ』第七編)。興味深いのは、その「信」が何に由来するかだ。福澤が例に挙げているのは、英語の《martyrdom》だ。すなわち、宗教的な意味での「受難」、要するに「殉教」だ。福澤が「すゝめ」るのは、あくまでも「学問」であって、近代化の尖兵となるべきは「学者」なので、キリスト教への入信を説いていないが、津田はあからさまにキリスト教による「開化」を主張する(津田真道「開化を進る方法を論ず」)。津田の主張には明六社内から、〈信教の自由〉や政教分離の観点から批判が寄せられる。すでに見てきたように、それらは西洋近代固有の価値の転換の所産だったが、言うまでもなく、そのような事情など顧みられることなどなく、近代の原則として受容されようとしていた。

それはともかく、ここで重要なのは、福澤や津田の認識はもちろん、彼らへの批判にも共通するある問題だ。すなわち、権力と暴力とを峻別するための準拠の問題であり、言い換えれば、何(誰)が自由と理性を保障するのか、という問題である。その意味で、双方には〈近代的な態度のパラドクス〉の前提——啓蒙絶対君主による自由にして理性的な論議の保障——が欠如しているのである。そして、この問題は明治憲法(大日本帝国憲法)の制定まで持ち越されることになるだろう。

法秩序創造の仕組み

日本において最初に制定された本格的な近代法は、いわゆる旧刑法と治罪法（ともに一八八〇年公布）である。近代法秩序の創造にあたって、まず刑事法制から着手されたことは、ピエール・ルジャンドルが西洋の文明（civilisation）の核心を民法（droit civil）と見なしていること（『ドグマ人類学総説』）と対比すると興味深い。当時の日本の政府が、いかに秩序の安定化を関心としていたかを窺わせ、またかりに西洋文明を「民法の文明」とするなら、日本のそれを中国に由来する「律（りつ）の文明」と形容したくなるが、ここでは日本における近代法秩序の創造にあたって、法を法たらしめるものが、どのように構想されたのかについて検討しよう。

この問題は、明治憲法とその制定過程から把握できる。政府における「立憲政体」、つまり立憲主義（constitutionalism）の本格的な導入の動きは、いわゆる漸次立憲政体樹立の詔勅（一八七五年）に始まるが、その後、元老院を中心とする憲法調査・草案作成は、岩倉具視や伊藤博文らに批判され、憲法制定の方針策定は、大隈重信ら参議の手に委ねられた。しかし、大隈が左大臣・有栖川宮熾仁（ありすがわのみやたるひと）親王に提出した意見書（一八八一年三月）は、慶應義塾出身の矢野文雄が作成したもので、その内容もイギリス流の議院内閣制の導入を主張し、同年に憲法を制定し、一八八三年には国会を開設することを主張するなど、当時としては急進的なものだった。

そこで、岩倉は井上毅(こわし)に調査を依頼し、井上はギュスターヴ・エミール・ボワソナードやヘルマン・レースラーといった「お雇い外国人」への諮問を経て、より君主権力の強い意見書を作成した(一八八一年七月)。結局、「明治十四年の政変」によって大隈重信が失脚し、それとともに国会開設の勅諭が発せられ、翌年には伊藤がヨーロッパへ憲法・議会制度の調査に派遣されるなど、ようやく憲法制定作業が本格化する。

明治憲法について特筆すべき点の一つは、ヨーロッパの複数の憲法に依拠しつつも、日本固有の法として認知されるための仕組みが施されていることである。言い換えれば、西洋法の単なる翻訳ではなく(明治初期には、司法省において、暫定的なものではあってもフランスの諸法典を翻訳したもので間に合わせるという方針がとられていた)、**日本の近代法秩序の創造が日本の歴史に根差したものとして演出された**のである。

そのことは、明治憲法発布に際して発せられた勅語(「憲法発布勅語」。伊藤博文『憲法義解(ぎげ)』宮沢俊義校註、所収)や、天皇が明治憲法を裁可したことを記した文書(「帝国憲法上諭(じょうゆ)」。同前、所収)に窺える。「憲法発布勅語」はまず、明治天皇が「祖宗」から与えられた「大権」にもとづいて憲法を「宣布」すると前提する。そのうえで、そもそも日本が「祖宗」と「臣民祖先」との「協力輔翼(ほよく)」によって成立したのであって、その「国史」を踏まえて、「臣民」は明治天皇の意志を汲んで、これに従い、ともに「和衷協同(わちゅうきょうどう)」し、日本の「光栄」を諸外国に「宣揚」せよ、と言う。ここには興味深い点がいくつか見られる。例えば、天皇の憲法上の権限は、天皇の祖先に由来するという認識は、先に見た王権神授説を想起させ、また、「和衷協同」なるスローガンは、天皇と臣民との緊張関係を排除し、それを対外関係に転じるという福澤にも見られた立場を想起させる。

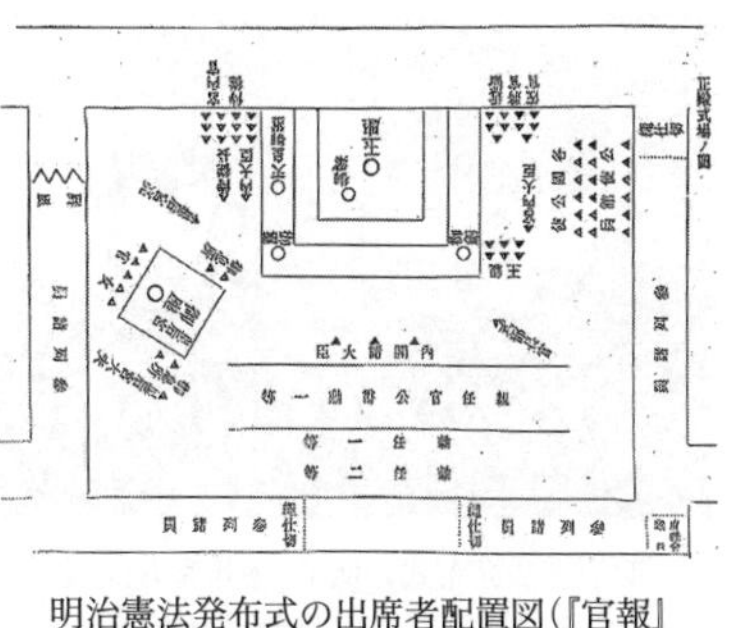

明治憲法発布式の出席者配置図(『官報』第1683号, 明治22年2月12日)

とはいえ、福澤とは異なり、**明治憲法は、何(誰)が自由と理性を保障するのかという問題を宙づりにはしていない。**すなわち、統治権である。「帝国憲法上諭」は、次のように言う。「国家統治ノ大権」は、明治天皇が祖先から与えられたものであり、また天皇の子孫へ受け継がれていくもので、天皇は憲法を遵守して統治権を行使することで、「臣民ノ権利及財産」を保護する、と。その立場は、ローマ法の言葉で言えば、天皇が「法律に拘束されている」ことを強調するもので、必ずしも決断主義的なものではない。ただし、理性の問題に目を転じると、ことはそう簡単に片付けられるものではない。

そもそも、なぜ、憲法制定議会ではなく、天皇が憲法を制定しなければならなかったのか。いわゆる欽定憲法の形式が、なぜ、採られなければならなかったのか。実際、明治憲法発布式は、その形式をしっかり演出していた。当時の『官報』は次のように描写している。明治天皇は「憲法ヲ総理大臣ニ下付セラレ総理大臣進ミテ敬礼シ拝受」（『官報』第一六八三号、明治二二年二月一二日）した、と。

天皇と臣民とが一体のものと捉えられ、欽定憲法の形式が採られたことは、日本における憲法制定が〈近代的な態度のパラドクス〉とは異なる論理にもとづいていることを示している。それを浮き彫りにしているのが、明治憲法体制における理性の問題であり、統治権の問題である。

明治憲法発布式の様子（藤井秀五郎編『古今名物帖』美術日報社印刷部，1925 年）

「シラス」――統治権と理性

統治権とは何かを検討する前に、明治憲法体制における天皇の位置づけを確認しておこう。その位置づけについては、枢密院における憲法制定会議の伊藤博文による開会の辞に示されている。枢密院は、憲法草案審議のために、一八八八年四月三〇日に設置され、後には国制上の重要事項も諮詢(しじゅん)事項とされた、明治憲法体制下の天皇の最高諮問機関である。言うまでもないが、欽定憲法とはいっても、実際には起草者たちと枢密院で作成されたのである。その初代議長が伊藤博文だった。

伊藤は、枢密院での憲法草案審議に先立って、開会の辞として、以下のように言う(一八八八年六月一八日)。すなわち、立憲主義はヨーロッパの歴史に根差して形成されたものであり、日本では経験のない制度である、したがって立憲主義を導入するにあたっては、**まず「機軸」を定めなければ、政治は混乱をきたし、国家も滅亡する**、と。

「機軸」という概念が何を意味するかについて、伊藤は必ずしも明確にしていないが、憲法がよりどころとすべき準拠と言い換えて良いだろう。その「機軸」を定めるにあたって、伊藤が注目したのは、ヨーロッパにおけるキリスト教だった。伊藤によると、ヨーロッパでは社会的な道徳やパトリオティズムを涵養するのに、キリスト教が歴史的に重要な役割を果たしてきており、遵法観念を醸成するのに、日本でもキリスト教に代わるものが不可欠だった。これは、伊藤が一八八二年三月から約一年半の憲法・議会制度の調査で得た認識だった。

では、何を「機軸」にするというのだろうか。伊藤によると、仏教はかつて「上下ノ人心」を繋いでいたが、維新後衰退し、神道は「人心ヲ帰向(キコウ)セシムルノ力ニ乏(トボ)シ」い、そこで「皇室」信仰を創出する、そのために憲法草案では天皇の権力をできるだけ拘束しないようにした。

伊藤の言う「機軸」とは、要するに社会的な紐帯であり、国内の「和衷協同」を実現するための信仰である。

しかし、いかにして、新たに信仰を創出しようというのだろうか。さらに、創出された信仰が、実際に遵法観念を醸成することは可能なのだろうか。政府が、教育勅語のような国民教育や、学校教育を通じた「修身」と呼ばれる道徳主義の流布によって、信仰の強化に腐心したことはよく知られている。しかし、ここでは法と理性の問題に注目することにしよう。

この問題を解く鍵こそが、統治権である。先に見たように、「帝国憲法上諭」は、それが天皇の祖先から受け継がれたものであり、またその子孫へと受け継がれていくものだとしていた。明治憲法第一条は、この統治権について、次のように規定している。「大日本帝国ハ万世一系ノ天皇之ヲ統治ス」。

当時の政府は、明治憲法発布（一八八九年二月一一日）の約四か月後に、その註釈書を公刊している。すなわち、『憲法義解』（一八八九年六月一日）である。伊藤博文の名で刊行されているが、原案を作成したのは、明治憲法の起草者の一人、井上毅であり、枢密院での審議を踏まえ、さらに『憲法義解』刊行のための審査会（憲法起草者たちの他に、穂積陳重、富井政章、末岡精一ら帝国大学法科大学教授などによって構成された）を経て、出版された。その『憲法義解』では、第一条の註釈において、**「統治」が『日本書紀』や『古事記』に見られる古語「シラス」や「シロ**

シメス」に由来するとされている。

では、「シラス」とは何か。ここでは、統治権が明治憲法に規定されるまでの経緯、ウィーン大学のローレンツ・フォン・シュタインによる示唆や、「お雇い外国人」のレースラーやアルベルト・モッセらとの論議、その語に賭けられていたもの（法的・政治的な効果）など、詳細は省略し要点だけを示しておこう（拙著『主権論史』参照）。

「シラス」とは、憲法発布の五日後に行われた井上毅の講演によると、天皇の理性の働きである（井上毅「古言」）。すなわち、「シラス」は「知ラス」と表記される言葉で、「知る」の尊敬表現であり、本来、天皇が支配する様態を指している、と井上は言う。井上によると、支配を意味する古語には、この「シラス」と「ウシハク」とがあり、後者が豪族の実力行使によって人民と土地とを私有化することを指すのに対して、前者はあくまでも天皇の理性によって秩序を実現することを指す。そうした区別がそれら古語の解釈として正しいか否かはともかく、そこから井上は、日本における法秩序の起源は、社会契約でも実力（暴力）による征服でもないと言う。

井上のこの「シラス」論は、まずは当時の政治的な文脈において理解しておく必要がある。当時の自由民権運動が依拠した理論の一つが、社会契約説だった。つまり、井上は統治権によって自由民権運動を斥けたことになる。とりわけ、社会契約説に依拠するならば、憲法制定も当然、国民の代表(憲法制定議会)と天皇によって行われなければならないはずだが、井上はそれをも斥け、欽定憲法としての明治憲法の理念を定式化したことになる。

さらに、例えば、当時のドイツでは、社会契約説を非歴史的なフィクションであるとして、ルートヴィッヒ・グンプロヴィチらが国家実力説を提唱していたが、それには厄介な問題が付きまとう。すなわち、権力と暴力とを、何が分かつのかという問題である。国家実力説を突き詰めれば、国家権力と呼ばれるものも、所詮、盗賊の暴力と変わりないということになる。

ところが、**天皇の支配が理性の働きであって、暴力ではないということになると、この難題を排除することができる。**軍隊の統帥権の問題や、財閥に匹敵するとも言われた皇室財産の問題といった現実はともかくも、力も富も持たざる権力として歴史的に演出されたことが、天皇の統治権の正統性を構成しているのである。

むしろ、「シラス」という古語から、天皇は人々を「御心にかけられて、御世話を遊したといふことが、御国の国の成立の初めである」、と井上は言う。このような権力の形容は、西洋の歴史にも見られ、それが何を意味するのかを検討する必要があるが、この点は第三節で触れることにして、ここでは次の点を確認しておこう。すなわち、権力と人々は対峙する関係にあるのではなく(契約にせよ征服にせよ、両者が対峙する関係にあることを前提にしている)、両者の間の緊張関係が排除されているのである。それを可能にしているのが、天皇の「シラス」という理性の働きであり、その理性への「臣民」の帰順だということになる。

ここにおいて、**日本の近代法秩序には〈近代的な態度のパラドクス〉が、そもそも存在しないと否認されることになる**のである。言い換えれば、自由な論議と立法への参与は、権力への帰服を前提するというパラドクスが、近代的な自律(autonomy)、つまり自己(auto)-立法(nomos)の内実だったとすると、自律の理念もまた排除されることになるだろう。実際、井上は、市制・町村制(一八八八年)や府県制・郡制(一八九〇年)といった地方制度の整備に際して、地方自治の理念を批判するために、カントの自律概念を引き合いに出している(井上毅「地方自治意見」)。そこにあるのは、まさしく、何が法をなすのかという問いである。

第二節　歴史の二重化

「ノリ」――統治権と法

統治権が天皇の理性を準拠としているとすると、明治憲法体制における法もまたこの理性に準拠することになる。そして、この立法をめぐる問題でもまた、古語が召喚される。すなわち、「ノリ」である。天皇の法律の裁可権を定めた明治憲法第六条(「天皇ハ法律ヲ裁可(サイカ)シ其(ソ)ノ公布及(オヨビ)執行ヲ命ス」)に関する『憲法義解』の註釈には、法概念が古語「ノリ」に由来するとある。

『憲法義解』は、イギリスやフランスでは君主や大統領には議会で成立した法律に対する拒否権しかないのに対して、明治憲法体制では天皇の裁可によってはじめて法律として成立すると述べ、その論拠を古語「ノリ」に求めているのである。その際、名詞「ノリ」が動詞「宣(ノ)ル」に由来し、「ノル」が『播磨国風土記』の一節から、天皇の発話行為を意味するとしている。したがって、法とは「王言」である、と『憲法義解』は言う。

明治憲法は、第五条（「天皇ハ帝国議会ノ協賛(キョウサン)ヲ以(モッ)テ立法権ヲ行フ」）で立法権が天皇大権であると、つまり議会は立法に関して「協翼参賛(きょうよくさんさん)」するにすぎないとしている（伊藤博文『憲法義解』）。このあたりが明治憲法は議会の権限を大幅に制限しているなどと、しばしば批判的に論じられるゆえんなのだが、ここでは政治的な価値判断を慎もう。

ローマ法において、皇帝が「息をする法律」などと位置づけられていたことを想起しよう。法の出所が、皇帝や君主などの人格的な表象を与えられていたことは、すでに見た。さらに言えば、一三―一四世紀のヨーロッパの法学者たちは、君主の助言者や合議体の意向や見解は「王の口」を通じて発せられることで法となると考えた。現代も、おそらくそれと無縁ではない。

例えば、「主権者の信を問う」などという言説に、そうした伝統は垣間見える。また、君主の意志には法律の効力があるという西洋法の法諺は、少なくとも一八八〇年代には、日本でも知られていた。フランス系アメリカ人法学者ジョン・ブーヴィエールの *Law Dictionary*(1839)の《maxim》の項目を抄訳した『法律格言』(細川潤次郎訳、一八七八年)でも紹介されており、訳者が当時、元老院議官だったことを踏まえると、それは元老院における憲法調査の一端を示していると言える。

　重要なのは、そうした西洋法の歴史を知りつつ、あえて井上毅らは、法の起源を古語「ノリ」に求め、そのことを「言語は古伝遺俗を徴明するの一大資料たり」(『憲法義解』)と理由づけていることである。西洋から受容した法システムを『風土記』によって根拠づけたことは、牽強付会だと言えるだろう。それは、「シラス」という天皇の理性の働きを、明治憲法体制の準拠とした帰結であり、皇室信仰を「機軸」とした帰結でもある。しかし、**明治憲法の起草者たちの脳裡には、歴史的な観念を喚起せずして、法が法として通用することなどないという確信があった。**もちろん、**そこで言う「歴史」とは、西洋の歴史と日本の歴史という、いわば二重化された歴史である。**牽強付会に映じるものは、その歴史の二重性に起因するのである。

　この歴史の二重性という問題は、「西洋の世界化」に起因する。すなわち、西洋の歴史的な制度一式を受容した非‐西洋においては、その国家化という出来事を自らの歴史的な展開として正当化し(justify)つつ、根付かさなければならないのである。さもなければ、制度は人々の生活から遊離し、遵法観念が育つどころか、容易に瓦解してしまうだろう。「シラス」とは、西洋の立憲主義を日本の社会に定着させるための、いわば杭である。

しかし、この「シラス」には、重大な問題が孕まれている。それは立法者の地位に関する問題であり、西洋中世から近代にかけて展開された立法者の地位に関して述べたエルンスト・カントロヴィチが示唆している（『王の二つの身体』）。すなわち、立法者の「法律から解放されている」／「法律に拘束されている」というローマ法の法諺に由来する地位の問題である。神聖ローマ皇帝フリードリヒ二世（在位一二二〇—五〇年）は、たとえ皇帝は「法律から解放されている」にしても、「理性に拘束される」と宣言する。この〈理性〉を、カントロヴィチは「半ば神的な〈理性〉」と呼び、それには「危険が伴わずにはいない」と言う。というのも、〈理性〉の解釈は、皇帝の専権事項であるために、〈理性〉は皇帝にとって都合の良い支配のための道具になりかねないからだ。

「シラス」としての統治権にも、同じような危険が付きまとうだろう。この点について、井上毅は「帝室ト法律トノ関係」として論じている（井上毅「君主循法主義意見」）。すなわち、古語に「ノリノマニマニ」という表現があるように、天皇もまた法に従うのが日本の法的伝統である、と井上は言う。さらに、この伝統はイギリスの「法の支配」やドイツの「法治国家」の観念と合致するとも言う。

ただし、注意する必要があるのは、西洋の法治主義的な観念は、権力が厳格に法によって拘束されることを求めるのに対して、井上は天皇の「言行」は「自然ニ法律ニ一致スル」と言っているることである。言うまでもないが、井上の統治権論においては、天皇は絶対的な〈理性〉を体現しているからである。天皇以上の理性の審級など想定されていないのである。そして、この「自然ニ」というあいまいさが、後の天皇機関説論争はもちろん、一九三〇年代から敗戦までの立憲主義の瓦解と呼ばざるをえない事態を惹起したのだが、ここでは、「ノリノマニマニ」と法治主義との接合にも見られる、歴史の二重性の問題に注目しよう。

創造する言葉——歴史の二重性という問題

例えば、井上毅は、明治憲法発布を目前に控えた一八八八年一二月六日の講演で、日本の古典を研究する目的を、次のように言う(「國典講究ニ關スル演説」)。「国典は国家の政事の為めに必要である、幷に国民の教育の為めに必要で有る」。まず、前者については、一種の歴史主義だと言って良いだろう。すなわち、井上によると、どんな国でもその国の歴史や慣習が、政治や制度の源泉となっている。次に後者についてだが、ここで言う「国民の教育」とは、教育勅語が国民教育を目的としたという意味でのそれである。つまり、愛国心の涵養である。井上は、国家としての独立を維持するには愛国心の涵養が不可欠であり、それにはその国の歴史教育と「国語」教育が、「材料」として必要であると言う。古典の研究を通じて、歴史と「国語」の

「出所を見出す」必要がある、ということだ。

要するに、それは民族（nation）の歴史と言語の制度化を通じて、国民国家（nation-state）としての制度を強固なものにするということであり、一九世紀ヨーロッパの国家論を踏襲しているのである。その意味では、一種のナショナリズムが想起されるが、単なるナショナリズムではないことに留意する必要がある。その点は、一八九三年に行われた、同じく井上毅による第一高等中学校（後の第一高等学校。一九四九年に新制東京大学の教養学部として併合）における国語教員夏期講習会での講演に窺える（「國語教員ノ講習會演説」）。

そこでは、井上は、高等教育機関を卒業した者が「国文」を用いて十分に意思や思想を表現できていないことに対して、不満を述べている。とりわけ、学術的な文章が「国語国文」によって表現できていないことが問題とされているのである。井上が「国語国文ノ進歩」のために主張したのは、「学術社会ニ種々ノ必要ニ応ジテ、各種ノ思想ヲ表明スル」ために、「漢文漢字」のみならず、「欧羅巴（ヨーロッパ）ノ論理法ヲ採用」することだった。

つまり、近代化以前の学術的言説において用いられていた「漢文漢字」のみならず、近代化の一環として「欧羅巴ノ論理法」をも、「国語国文」に取り込むことが求められているのである。ここに歴史の二重性の内実を見出すことができる。

この問題については、草創期の日本の法学界を代表し、またいわゆる明治民法の起草者の一人として知られる、穂積陳重の証言を参照しておく必要があるだろう。彼の『法窓夜話』によると、フランスの諸法典(いわゆるナポレオン法典)を翻訳して暫定的な法典として用いることを主張した江藤新平の跡をうけて司法卿となった大木喬任(おおきたかとう)は、西洋法を受容するにあたって、法律用語の多くがそもそも日本にはない概念であることから、それらを翻訳するというよりも、原語が分かりやすい造語を行うことを主張した。例えば、行為や証書を意味するフランス語«acte»には、「亜克土(アクト)」なる造語が訳語としてあてられる。一八八三年に司法省によって刊行された『法律語彙初稿』には、そうした造語と意味が掲載されている。

しかし、穂積陳重によると、この試みの成果はあくまでも「無類の奇書」であって、明六社の面々以来、漢字の意味を踏まえた訳語づくりが進められた。そうして、一八八七年頃になってようやく、「不完全ながら諸科目ともに邦語をもって講義をすることが出来るようになった」という(『法窓夜話』)。これを穂積陳重は、法学の「ナショナライズ」と呼ぶ。「ナショナライズ」という言葉自体に、穂積陳重が訳語をあてていないことが示すように、「**ナショナライズ」という出来事は、二重の歴史性の上に成立した新たな規範の創造である**。言い換えれば、それは歴史的に「……がある」ことを意味するのではなく、「……をあらしめる」ことを意味する。

その点についても、彼の証言が示唆している。例えば、明治憲法に規定された「臣民」である。すなわち、主君に対しては臣下を意味し、民衆に対しては統治機関を意味する「臣」と、民衆を意味する「民」とを組み合わせたこの語は、当時の漢学者にも国学者にも、非常に評判が悪かった、と穂積陳重は言う(『続法窓夜話』)。明治憲法に規定された権利の主体が、官吏と民衆とを問わないことから、結果的には「至極適当であった」、要するに、漢語の「典拠にのみ捉われておっては到底新事物新思想を言い表わすことは出来ぬ」、と彼は結んでいる。

しかし、この「新事物新思想」は、いったい、何からその正統性(legitimacy)を得ることができるのだろうか。単なる「新事物新思想」なら、正統性の問題に拘泥する必要もないのかもしれない。人の生の文字通りの命運を握る法の問題となると、そうもいくまい。だからこそ、井上毅は『日本書紀』や『古事記』といった古典を「国典」と呼び、そこから歴史と言語を再構築することを構想したのだった。たとえ「漢文漢字」を用い、「欧羅巴ノ論理法ヲ採用」するにしても、天皇を理性の権威とすることで、新たに創造される法秩序の正統性が担保されるのである。では、穂積陳重の場合はどうだろう。

穂積陳重は、イギリスやドイツへの留学を通じて、歴史主義に触発されたことで知られている。その一人に、一九世紀のイギリスを代表する法学者ヘンリー・メインが挙げられる(内田貴『法学の誕生』)。穂積陳重はとりわけ、社会契約説が前提する無時間的なフィクションではなく、しかも歴史主義とはいっても歴史に拘束されるのではなく、漸進的に進歩するという法理念を、メインから学んだと考えられる。さらに、フリードリヒ・カール・フォン・サヴィニーに始まるドイツの歴史法学との出会いが決定的だった。なかでも、法の民族的源泉を、言語や詩に求めたヤーコプ・グリムの研究から得た着想を、穂積陳重は晩年の一連の研究『法律進化論』(第一・二冊は一九二四年刊行。一九二七―一九三一年に刊行された第三冊および法律進化論叢の四冊は、穂積陳重死後、息子穂積重遠(しげとお)による)として結実させたと言われる(内田『法学の誕生』)。

ここでは、ハーバート・スペンサーらの社会進化論との関係が取沙汰されてきた『法律進化論』の内実には立ち入らない。ただ、次の点を確認しておこう。穂積陳重が法の「進化」を主張したのは、法が歴史に根差しつつも、歴史をめぐる政治的なイデオロギーに固着することなく、社会の変容に柔軟に対応する必要性を認識していたからであり、その認識は明治民法の起草など法制度の整備に携わった経験に由来するということである(内田『法学の誕生』)。

とりわけ、**日本の場合、国粋主義的な歴史認識に囚われていては、西洋から受容した産業主義体制を規律する制度など構築できるはずはなく、さらに言えば、そもそも国家化としての近代化など果たせない**のである。その意味において、法の「進化」という理念は、歴史の二重性という宿痾への処方箋であり、「進化」を想定しない限り、日本においては法システムの正統性が担保されないということを意味するだろう。

とはいえ、明治憲法体制の構築をめぐる問題は、「進化」によって容易に片付いたのでもない。そのことを示しているのが、民法典論争である。

民法典論争

ここで言う民法典論争とは、ボワソナードと、フランス法派と目される日本人委員によって起草された、いわゆる旧民法典をめぐる論争である。まずは、その概要を確認しておこう。

旧民法典の編纂は、司法卿大木喬任が一八七九年三月に、ボワソナードに編纂の委嘱をしたことに始まる（大久保泰甫『日本近代法の父ボワソナアド』）。一八八〇年六月には、元老院に民法編纂局が設置され、ボワソナードと日本人委員による編纂作業が本格化した。起草は、財産法部分をボワソナードが行い、親族や相続に関する部分は、日本人委員が行った。一八八六年には、物権・債権法に関する草案が完成し、内閣に提出された。その後、元老院や司法省、さらには条約改正問題との関係から外務省で、一〇〇回を超える審議が行われ、一八九〇年四月二一日にようやく公布され（家族法・相続法は、同年一〇月六日公布）、一八九三年一月一日に施行することとされた。

ところが、実際には、旧民法典は施行されなかった。民法典論争の結果、開設間もない一八九二年に、帝国議会が商法とともに民法の施行を一八九六年一二月三一日まで延期する法律（明治二五年法律第八号。一八九二年一一月二二日公布）を成立させたからである。この延期は、同法律に「其ノ修正ヲ行フカ為」とあるように、実際には修正を前提とするものであり、一八九三年には、内閣の下に法典調査会が設置され、穂積陳重、富井政章、梅謙次郎が起草委員となり、明治民法が作成された(総則・物権・債権編は一八九六年、親族・相続編は一八九八年、成立。一八九八年施行)。

民法典論争については、さまざまな角度から分析が行われてきた。ここではその研究史にまで分け入る余裕はないが、簡単に整理すると、以下の通りである。

まず、穂積陳重がこの論争を、一九世紀初頭のドイツにおける法典論争になぞらえたことから、自然法論と歴史法学との論争として捉えられた。すなわち、アントン・フリードリヒ・ユストゥス・ティボーが、ドイツの各邦共通の民法典編纂を主張したのに対し、サヴィニーが法を民族精神と歴史の所産として主張し、ティボーを批判したことに始まる論争と重ね合わされたのである。

その後、旧民法典断行派はブルジョワ自由主義者、延期派は封建的家族制度論者として捉え直され、あるいは断行派は条約改正推進派、延期派は条約改正慎重派などと位置づけられた。現在では、ドイツ民法学を参照し編纂された明治民法が、その内容においては、旧民法典に多く負っていることから、論争は純粋な学理上の争いというよりも、もっぱらフランス法派とイギリス法派の学閥間の争いとして理解されている。

学閥間の争いというのは、次のような事情に起因する。すなわち、一八八六年に設置された帝国大学(後の東京帝国大学)の法科大学は、イギリス法を主に教育していた東京大学法学部と、フランス法を主に教育していた司法省法学校を、その前身としていた。フランス人法学者とフランス法派と目された日本人による旧民法典編纂は、司法省法学校出身者の覇権を意味するのであり、東京大学法学部出身者にとっては分が悪い。そのようななか、一八八九年五月に、もともとはイギリス法派の親睦団体だった法学士会が旧民法典の延期を要求したのである(「法典編纂ニ関スル法学士会ノ意見」)。

ところで、この論争への道筋を作った人物として、穂積陳重が挙げられる(浅古弘他編『日本法制史』)。彼の東京大学での教育活動、とりわけドイツ法学を受容することで、歴史法学や比較法を通じて法理を探求する方法が、論争を準備したのである。

では、穂積陳重自身は、この論争をどのように見ていたのだろうか。彼が、論争をドイツの法典論争に重ね合わせていたのはすでに触れたが、単に学理上の争いとして認識していたのでもないことを、彼は回顧している。旧民法典の公布は、帝国議会開設(一八九〇年一一月二九日)前に行われていたが、論争が本格化した頃にはすでに議会は開かれていた。したがって、法典施行を延期するには議会の判断にゆだねなければならないのであり、論争の勝敗は議会で決することになるのである。すなわち、「要は議員を動かして来るべき議会の論戦において多数を得ることであった」と穂積陳重は言う(『法窓夜話』)。そして、彼曰く、その戦術に貢献したのが、彼の弟であり、憲法学者だった穂積八束である。穂積八束の論文「民法出テ、忠孝亡フ」（一八九一年八月二五日）のタイトルが、功を奏したのだ、と穂積陳重は言う。「覚えやすくて口調のよい警句は、群衆心理を支配するに偉大なる効力があるものである」（『法窓夜話』）。

とはいえ、穂積八束の旧民法典施行延期への貢献は、単なる輿論の扇動に尽きるのでもない。むしろ彼は、民法の政治的次元とでも呼びたくなるものを喚起する興味深い論を展開している。

民法の政治的次元

民法典論争の口火を切った「法典編纂ニ関スル法学士会ノ意見」の主張は、以下のようなものである。すなわち、封建制を脱したばかりの当時の日本の社会は、慣習が定まっていない状態であり、そのような状態で法典を施行すると社会を混乱に陥らせるおそれがあるため、法典の施行は「民情風俗」が定まるのを待つべきである。

これに対して断行派は、どのように応じたのだろうか。例えば、井上操は論文「法律編纂ノ可否」（一八九〇年三月一〇日）において、延期派が明治憲法など公法を問題にせず、民法については慣習を理由に実施延期を要求するのは一貫性を欠くと批判し、さらに旧民法典は必ずしも日本の慣習に反しないとしたうえで、むしろ旧民法典が慣習に合致しないという主張は、日本社会を「幼児」、あるいは「下等社会」扱いするようなものだ、と言う。また両角彦六は「新法ノ発布ニ就テ」(一八九〇年五月一〇日)で、延期派がイギリス法派であることを意識してか、ヘンリー・メインを冒頭に引きつつ、外国法の受容は「時勢ノ推移」や「文運ノ進化」のうえで「社会自然ノ現象」であるとし、当時の日本が地方分権的な封建制のせいで慣習の分裂した状況にあり、むしろ旧民法典の施行の必要性を説いている。この慣習の問題については、梅謙次郎も論争終盤の論文「法典実施意見」(一八九二年五月二一日)で問題にしており、旧来の慣習が「封建国、閉鎖国ノ慣習」であって、「立憲国」として文明化するために旧民法典の施行が不可欠であるとしている。

このように両派の主張を表面的に捉えると、断行派が近代法秩序の創造をあからさまに肯定するのに対して、延期派は法秩序の歴史的連続性を尊重しているように、言い換えれば、法秩序の創造ではなく漸進的な進歩を要求しているように見える。しかし、穂積八束の「民法出テ、忠孝亡フ」によって、論争に伏在していた政治的な次元が一気に表出することで、論争は別の様相を帯びることになる。

穂積八束が旧民法典をめぐる政治的な次元を表出させたというのは、穂積陳重が言うような単なる輿論の扇動という意味ではなく、次のような三つの意味においてである。

一点目は、「民法出テ、忠孝亡フ」よりも、それに先立つ論文「国家的民法」(一八九一年四月二五日)で明確に論じられている。旧民法典を個人主義的であるとする批判であり、それは単に社会観の問題として論じられているのではなく、当時のドイツのいわゆる講壇社会主義に依拠し、自由主義経済への批判として展開されている。当時の日本では、一八八〇年代前半のデフレーション政策によって資本家／労働者の社会格差が拡大するとともに、資本主義経済の進展が加速化し、一八九〇年にはその所産としての不況が初めて生じていた。穂積八束は、その問題を旧民法典批判において争点化したのである。

二点目は、旧民法典を権利偏重と捉え、それに道徳主義を対置したともしばしば言われる問題だが、三点目と区別するために、ここでは法典のナショナライズの問題と表現することにしよう。この問題は、「民法出テ、忠孝亡フ」という論文のタイトルに示されている。穂積八束によると、旧民法典の個人主義的な傾向は、キリスト教における神の下の諸個人の平等の観念に由来する。それに対して、日本の家族制度は、「家」の祖先崇拝（「祖先教」）を紐帯とする通時的かつ共時的な団体観念に根差している、という。その対比図式自体は、穂積八束自身が述べているように、一九世紀フランスの歴史家フュステル・ドゥ・クーランジュの『古代都市』（一八六四年）の古代ギリシア・ローマの家族制度論から借り受けている。ちなみに、『古代都市』は今では法学ではあまり参照されることがないが、アメリカの現象学的社会学者ピーター・バーガーによると、法秩序の宗教的正統化を扱う宗教社会学の仕事においていまだに重要な位置を占めている（『聖なる天蓋』）。

穂積八束が日本の伝統的な家族制度を古代ギリシア・ローマのそれに重ね合わせている点は、牽強付会の観を否めないものの、単に歴史的なものを民族に固有なものとして把握するのではない。というのも、穂積八束はヨーロッパの法制度が本来「祖先教」に由来すると強調しているからだ（「民法出テ、忠孝亡フ」）。つまり、日本の近代の歴史性が西洋のそれと日本のそれとの二重化されたものであることを意識しつつ、同時に、キリスト教によって基礎づけられることを拒むという意図がそこにはある。キリスト教的定礎の拒否については、三点目でふたたび検討することにして、二点目に戻ろう。

なぜ、そのようなアクロバットをやってのけてまで、伝統（〈創られた伝統〉！）が召喚されなければならなかったのか。まず、一九世紀固有の事情が挙げられよう。穂積八束が留学した一八八〇年代のドイツは、ナショナリズムと愛国心の隆盛の時代であり、そのことが彼に、あるべき法典の理念をめぐって刺激を与えたと指摘されている（内田貴『法学の誕生』）。おそらくそれは、ドイツだけではないだろう。ピエール・ルジャンドルは、フランスにおける民法に関する法典ナショナリズムを紹介している。すなわち、かつて、ある民法学者が「私は民法を知らず、ナポレオン法典（引用者註：一八〇四年に制定されたフランス民法典）しか教えていない」と言ってのけた、というエピソードである（*Leçons VII. Le désir politique de Dieu*）。

たとえ法学が緻密な論理を磨き上げたところで、あるいはテクノロジーとして磨き上げられ

れば上げられるほど、法典の正統性の問題の前では、沈黙を強いられ、その空白を埋めるようにして政治的イデオロギーが回帰するのである。前章で見た、支配者なきユートピアも実際には、テクノロジーによる全体主義という政治的イデオロギーを露呈させた。そう言って良ければ、穂積八束は明治憲法の起草者たちの意〈機軸〉を提唱しつつも〈信教の自由〉の保障に腐心した）に反して、そして同時代の憲法学者たちのなかで孤立してまで、法典の正統性を宗教によって基礎づけようとしたために、「祖先教」を要請したのである。それに孕まれた問題は、民法典論争では政治的喧騒にかき消されたために、穂積八束は法典実施延期の功労者扱いされるが、明治憲法解釈とも関係しているのである。

「祖先教」を紐帯とする社会？

三点目に移ろう。「祖先教」とは、家父長制の正統性を支える信仰である。すなわち、法秩序の起源を家族制度の誕生に見出し、権力の起源を「家父権」とし、その「家父権」の正統性が「家父」による祖先祭祀（さいし）に支えられ、その結果、「家父」は「祖先ノ霊ヲ代表」するという信仰である（穂積八束「民法出テ、忠孝亡フ」）。穂積八束によると、ヨーロッパではキリスト教の普及によって「祖先教」が衰退したものの、日本では「祖先教」が排除されることなく、それどころか「万世一系」の天皇制を支えている、という。それゆえ、彼は「祖先教」が「公法ノ源」でもあると言う（穂積八束「祖先教ハ公法ノ源ナリ」）。そこには、各人の祖先をさかのぼれば、天皇の祖先神に行きつくという、後に家族国家論と呼ばれる特異な国民国家観が前提されていた。すなわち、皇室は国民の宗家であり、天皇は国民の〈父〉であるという信仰である。

要するに、穂積八束は明治憲法の正統性を支える天皇信仰との齟齬（そご）を取沙汰することで、旧民法典を施行延期に追い込もうとしたのである。これに対して断行派は、旧民法典の家族制度が必ずしも「忠孝」の観念に反するものではない、と防戦を強いられた。

断行派には明治憲法と旧民法典とを分離して論じるという戦術もあったように思われるが、あるいは「祖先教」なる信仰の有無を問題にするという戦術もあったように思われるが、分の悪い戦術がとられたのである。その背景には、延期派も断行派も「国家的な公共性に奉仕するものとして民法を構想していた」ことが指摘されている（大村敦志『法典・教育・民法学』）。つまり、**国家と区別される「市民的公共性」**がなかったのである。

そこで想起されるのは、明治憲法における法観念や立法観念の問題である。すでに見たように、明治憲法の起草者たちは、法とは天皇の言葉であり、市民的公共性を体現するはずの帝国議会といえども立法に際して「協翼参賛」するにすぎないとしていた。これでは、旧民法典の明治憲法との齟齬が問題とされると、齟齬がないと応じざるをえなかったのだろう。「祖先教」そのものが実際に存在するか否かはともかく、旧民法典への批判としては効果を発揮したのである。

　むしろこの「祖先教」をめぐる問題は、明治憲法解釈において批判にさらされた。「祖先教」における天皇の位置が、国民の〈父〉であり、それが家父長制の〈父〉を意味するのなら、その権力が専制的なものであるように思われる。実際、穂積八束は同時代のドイツにおける新絶対主義に触発され、絶対主義を称揚していた。この点は、明治憲法の起草者たちの立場とは異なる。たしかに起草者たちは、ヨーロッパにおけるキリスト教に代わるものとして天皇信仰を構想したのだが、信教の自由(明治憲法第二八条)との関係から、あからさまに明治憲法を天皇信仰によって基礎づけはしなかった。井上毅が国学や神道を、「国語」や歴史の源泉として見なしていたように、それらを経由して明治憲法と天皇信仰とを関連づけていたのだった。

　それに対して、穂積八束は、絶対主義が〈神の代理人〉としての君主のようなキリスト教的な観念に訴えかけたように、なおかつキリスト教そのものに依存しないように、「祖先教」によって明治憲法を基礎づけようとしたのである。そう言って良ければ、**「祖先教」はその見かけに反して、西洋的な法学の図式に依拠していた**のである。

　だからこそ、彼の憲法論は、早くから批判にさらされる。例えば有賀長雄(あるが ながお)は、穂積八束が明治憲法の発布直後の一八八九年二月一三日から数回にわたって、帝国大学法科大学で行った明治憲法に関する講演を、即座に批判した。すなわち、穂積八束の明治憲法論は絶対主義的であり、当時のドイツの憲法学では決して主流派ではない、と(「穂積八束君帝国憲法の法理を誤る」)。
有賀は社会学や哲学を学び、さらにローレンツ・フォン・シュタインの下で国家学を学び、国家学はもちろん国法学や行政学、国際法などの著作を有し、日清・日露戦争では法律顧問として従軍するなど多才な人物として知られている。有賀がとりわけ強調したのは、天皇は国家機関であって、明治憲法における天皇は絶対主義君主ではないということだった。いわゆる君主機関説の立場から、穂積八束の天皇主権説を批判した。そのため、有賀と穂積八束との論争は、後の天皇機関説論争の前哨戦とも評される。ただし、有賀は論文の末尾で、有賀自身は「天皇を日本社会の至尊として奉戴するの情を厚くする」ことを「歴史上教育上の事業」としては同意していた。「至尊」とは、要するに至高者＝主権者(sovereign)ではないのか。有賀の批判は歯切れの悪さが否めないが、それには〈理性〉を体現する天皇という形象を掲げた、明治憲法体制固有の事情が関係している。その点については、第三章第三節で立ち戻ろう。

穂積八束の「祖先教」と明治憲法論の舞台裏を、より一層鮮明に暴露して見せたのが、ローマ法学者の戸水寛人だった。戸水は論文「穂積八束君ト「ロバート、フキルマー」」(一九〇〇年)において、穂積八束の「祖先教」に基礎づけられた明治憲法解釈が、ロバート・フィルマーの『家父長制君主論』に酷似していることを指摘したのである。

前章において見たように、フィルマーの絶対主義君主論は、君主権力がアダム以来の家父長たちによって受け継がれてきたものであり、動産・不動産のみならず人々の生命をも自由に処分しうる絶対的な所有者としての権力であることを主張していた。そして、それに対して、ジョン・ロックは身体をも対象とする所有権の観念を梃子にして、自由主義を掲げた。

この指摘は、穂積八束にとって、二重の意味で痛手となるだろう。第一に、あれほどキリスト教的な社会観念を排除しようとし、「祖先教」なる宗教まで提唱した穂積八束の国家論がヨーロッパの王権神授説のヴァリアントとして位置づけられたのである。第二に、たしかに穂積八束は自由主義経済に対する批判を述べていたが、所有権の保障を前提としていた明治憲法体制において、それを否定する絶対的な所有者としての君主論に比されるなど、時代錯誤もはなはだしい、ということになる。

そもそも、井上毅の「シラス」論を想起するならば、天皇の統治権は、持たざる権力であるために権力としての正統性が担保されていたのではないか。天皇が絶対的な所有者であるということになれば、もはや統治権は正統性を欠くことになる。しかし、穂積八束はその法秩序の正統性のために、「祖先教」を提唱したのだった。戸水による批判は、そうしたパラドクスを暴露したのだった。これに対して、穂積八束は「終始沈黙を守った」と言われる（宮本盛太郎「穂積八束とロバート・フィルマー」）。

第三節　法と言葉

明治憲法と旧民法とを隔てるもの

穂積八束は、なぜ、「祖先教」を提唱したのだろうか。この点については、彼自身によって明かされている。一九〇〇年に行われた講演「国家ト宗教トノ関係」において、穂積八束は次のように言っている。すなわち、国家と宗教との関係という問題は、憲法解釈上および立法上、「考究（コウキュウ）」を要する、と。そのうえで彼は、社会関係が利害衝突からなると前提し、その社会関係に「調和」をもたらし、利害衝突を解決しうるのが法律と宗教である、と言う。さらに、個人が国家に「服従シナケレハナラナイ」こと、「主権ノ命令ハ神聖テアルコト」を哲学といえども説明できず、それをなしうるのは「宗教」だと言う。この後、彼はヨーロッパ法史においてキリスト教が果たしてきた役割を紹介し、最後に、日本においてはヨーロッパほど「宗教ノ力」が影響を及ぼしてこなかったが、社会が「進歩」すれば、むしろそれに頼らざるをえなくなる、と言う。

世俗化に反して宗教の役割を強調している点は、反時代的とも思われるが、彼にとって、資本主義の浸透による社会階層間の対立を解消するには、宗教が必要だということなのだろう。

要するに、「祖先教」を明治憲法の準拠とすることは、単に明治憲法の宗教的正統性を呈示するだけにとどまらず、社会的な対立を否定し、社会を一体のものとして演出することを意味するのである。

すでに見てきたように、この一体性信仰は、日本の近代史においてたびたび現れる。旧民法典が個人主義だとする延期派の主張も、一体性信仰の立場からなされている。それは幕末以来の対外的危機感から国内の分裂を恐れたために、過度に強調された結果だと言えるだろう。だからこそ、旧民法典への批判は法典ナショナリズムの性質を帯びていた。つまり、フランス人がフランス民法にもとづいて起草した法典など受け入れられない、と。しかし、真相は一体性信仰の問題だけで片付けられない。そのことを、明治憲法にまつわる小さなエピソードを通して確認しておこう。「『西哲夢物語』事件」と呼ばれる事件である。

一八八七年一〇月、『西哲夢物語』と題された冊子が、星亨ら、いわゆる民権派によって秘密出版された。この冊子は民権派の間で流布したものの、政府がこの出版を民権派による反政府運動と見なし、星らが摘発されたうえ、保安条例(同年一二月二五日施行)によって民権派に対する弾圧を行ったため、一九二一年に吉野作造が古書店で発見するまで長らく忘れられていた(ちなみに、同冊子は『明治文化全集第一巻憲政篇』に収められている)。それは、当時のドイツを代表する公法学者ルドルフ・フォン・グナイストとその弟子アルベルト・モッセが日本人(伊藤博文か、伏見宮貞愛（ふしみのみやさだなる）に対して行った憲法講義の記録と、プロイセン憲法の翻訳（元老院蔵版『各国憲法類纂』にもとづく）、ヘルマン・レースラー起草の「日本帝国憲法草案」（一八八七年四月三〇日付）からなるもので、政府がプロイセン憲法を参照し、ドイツ人法学者たちの手を借りて憲法草案を作成していることを暴露するものだった（堅田剛『明治憲法の起草過程』）。

今日では、明治憲法体制の構築に際して、グナイストやモッセ、レースラー、そしてシュタインらが重要な役割を果たしたことは、広く知られている。しかし、『西哲夢物語』刊行後、その事実は法典ナショナリズムを惹起するどころか、政府による弾圧とともに抑圧されたのである。法典ナショナリズムの立場からすると、日本社会の〈ドイツ化〉は認容されても、〈フランス化〉は許容の域を超え出るということなのだろうか。君主国を範にとることは許されても、共和国の制度は排除されなければならないということを意味するのだろうか。

先に見た旧民法典をめぐる政治的な次元に立ち返れば、事態がそれほど単純ではないのは明らかだ。どのようにも言いうるほど、論点は多岐にわたるだろう。そこで、ここでは穂積八束が「宗教」に訴えかけることで言おうとした正統性の問題から、一つの観点を浮き彫りにしよう。すなわち、法の言葉をめぐる問題、とりわけ解釈の問題に注目することにしよう。

法を解釈するということ

明治憲法と皇室典範の制定の際の「告文」(神前に捧げられる願文・誓書。明治憲法発布の際のそれは、明治二二年二月一一日付の『官報号外』に掲載されている)に明示されているように、明治憲法は「皇宗ノ遺訓ヲ明徴」にしたものという認識のうえに成り立っている。つまり、明治憲法は代々の天皇が発し、天皇自身を拘束してきた法(井上毅の「ノリ」論を想起しよう)を明文化したものというフィクションを前提にしている。すでに見たように、「国家統治ノ大権」もまた、天皇が祖先から受け継いだものであるというフィクティヴな歴史性にもとづいている。

だからこそ、「統治」という言葉も、古代中国に由来する言葉であるにもかかわらず、ことさら「シラス」なる古語に由来すると説かれたのだった。その重要性は、少々強調しておいても良いだろう。すなわち、**統治＝「シラス」と前提されることで、第一に明治憲法体制の歴史的正統性が呈示され、第二に明治憲法体制が天皇の〈理性〉あるいは〈全知(omniscience)〉に準拠することが闡明された**のである。後者には、危険が付きまとうことについてすでに触れたが、立憲主義的に解釈する余地もある。これについては、第三章第三節で触れることにして、この明治憲法体制の前提を踏まえて、旧民法典をめぐる論議の一コマを見てみよう。

民法典論争序盤の一八八九年一〇月一日に発表された論文「民法草案財産編批評」において、江木衷は旧民法典草案のいくつかの言葉について批判している。例えば、「資産」である。

江木は、それが英語の《patrimony》の訳語であるが、「チト曖昧ニシテ取リ留メノ付カヌ心持セラル」と言う（「民法草案財産編批評」）。英語の《patrimony》は、ラテン語の《*patrimonium*》に由来する語で、字義通りには「父の金」を意味し、「世襲財産」と訳される。先に紹介した『法律語彙初稿』（司法省、一八八三年）には、フランス語の《patrimoine》の項目に、ラテン語の語源から厳密には「相続財産」を意味するが、実際には「広ク人ノ財産ヲイフ」とあり、「相続財産」と「家産」が訳語にあてられている。これに対して、旧民法典編纂にあたった日本人委員の一人、磯部四郎は江木が漢字の意味を分かっていないにすぎないと強弁するが（「法理精華ヲ読ム」）、「資」は「財貨」や「もとで」、「たから」を意味する文字であり、必ずしも決定的な反論ではない。これも、穂積陳重が言う法学の「ナショナライズ」をめぐる問題の一つと言えるだろう。

むしろ興味深いのは、先にも紹介した両角彦六の論文「新法ノ発布ニ就テ」である。両角は旧民法典の言葉が「斬新」で難解であることを認めつつ、その解釈については法学者や法律家に委ねざるをえないと言う（「新法ノ発布ニ就テ」）。まさに、「資産」なる語が、単にその字義のみならず、社会の現実との整合性の考察、さらには西洋の言語と法への遡行まで要求するように、専門家、すなわち法学者と法律家なくして、法は機能しえない。その意味において、両角の主張は極めてまっとうだと言える。

しかし、あえて言えば、では、その法学者や法律家の法を解釈する権限は何に由来するのか。

これは、何も旧民法典固有の問題ではなく、あらゆる法に付きまとう問題であって、民法典論争が収拾のつかない政治的な争いだったために、偶然にもその問題を暴露したにすぎない。すなわち、解釈者としての地位の優勢／劣勢をめぐる派閥間の争いだからこそ、露呈した問題なのである。

この問題にアプローチするには、素朴な事実を思い起こすのが良い。すなわち、**法は解釈によって機能する**ということである。法が個々の問題に適用されるには、法解釈が欠かせないのは言うまでもない。それだけではない。重要なのは、私たちが法学と呼ぶものが古代ローマの法の「再発見」によって始まったことである。「再発見」は、ローマ法に示された異なる見解（例えば、「法律から解放されている」／「法律に拘束されている」を想起しよう）の矛盾に合理的な解釈を施し、さらに数世紀以上前の法を「書かれた理性」として信奉し、それを現実に適用するために解釈するべく研究する作業だったのである。

では、その歴史において、解釈者とは何者か。ピエール・ルジャンドルの言葉を借りれば、解釈者としての法学者とは、「生ける道具、あるいは、操り人形という地位」にあるものである（*Leçons VII. Le désir politique de Dieu*）。では、何の「道具」、「操り人形」か。決して、「権力者の道具」や「権力者の操り人形」ではない。安易に決断者を標榜する現代の政治を前にすると、そう言いたくはなるが、決してそうではない。「息をする法律」などと形容される立法者ですら、「道具」なのである。というのも、解釈者も立法者もあくまでも「職務」を遂行する者であって、一切の恣意や個人的な意志は排除されなければならないからだ。

「道具」とは何か。ルジャンドルは、中世の法学者たちがそれを「鏡（*speculum*）」のメタファーによって説明していたと言う。すなわち、法は、あたかも「鏡」を通して〈絶対者〉（神や自然、社会など、時代によってそれは異なる）の要求であるかのようにして通告されることで、法として機能するのである。それは、〈絶対者〉と人間とを隔てる、言い換えれば、人間が〈絶対者〉そのものを標榜する狂気に陥ることを防ぐ、理性の仕組みでもある。

そうした知見を踏まえると、**法秩序を宙づりにして主権者の決断に委ねる決断主義や、解釈者なき法秩序というユートピアが、歴史的に見れば、いかに倒錯しているかは明らかだ。**むしろ、解釈こそが、法の法としての機能と理性を担保しているのである。ただし注意しなければならないのは、解釈者が「鏡」であるということだ。つまり、解釈者は〈絶対者〉の要求を映し出しているのであり、その要求は決して自明ではないという意味において、単に法学者や法律家に委ねれば良いということでもないのである。法の言葉をめぐる問題は、まさにその点にある。

「鏡」としての天皇

明治憲法体制が絶対主義ではなく、立憲主義を指向したことは、明治憲法第四条（「天皇ハ国ノ元首ニシテ統治権ヲ総攬シ此ノ憲法ノ条規ニ依リ之ヲ行フ」）にも示されているように明らかだ。とすると、「統治」＝「シラス」によって、天皇の〈全知〉を演出したのは、それと矛盾するのではないか。実際、穂積八束は絶対主義を主張した。さらに言えば、天皇機関説事件をはじめとする戦時期の思想弾圧は、天皇の〈全知〉のステイタスに名を借りた言説（「天皇を機関と呼ぶとは、不敬である」など）によって行われた。しかし、他方で、他ならぬ「シラス」には、**単なる〈全知〉とは異なる側面がある。**

先に見た「シラス」について論じた講演で井上毅は、「知る」という言葉が、「鏡の物を映す如く」、物事を知り明らかになる「心持」を意味すると言っている（「古言」）。つまり、たとえ「シラス」という動詞が天皇に聖別された言葉であったとしても、それは天皇が能動的に物事を明らかにすることを意味するのではなく、それとは反対に、ただ受動的に物事を映し出す「鏡」のような「心持」、境涯を意味するのである。では、その「鏡」に真理を映し出させているのは何か。**何でもありうるのである。**「皇祖皇宗」、内閣、藩閥、軍部、国民など、何でもありうる。重要なのは、「鏡」を通して、あたかも〈絶対者〉が要求しているかのように演出することなのである。**その意味において、〈絶対者〉そのものは何者でもない。〈絶対者〉とは無なのである。**この問題については、戦時期から敗戦直後にかけて、日本の哲学者や法学者によって論じられたのだが、終章で立ち戻ることにしよう。

明治憲法体制における立憲主義的な要素を、もう一つ確認しておこう。枢密院の憲法制定会議における伊藤博文による「開会の辞」のちょうど二週間前、一八八八年六月四日に、当時枢密顧問官だった佐野常民（つねたみ）の自宅で行われた講演で、井上毅は次のように言っている。すなわち、子供の頃から儒学を学んできた井上にとって、西洋の法学には儒学における君主の人民に対する「仁」のような概念がなく、「奇異の思（おもい）を為し」たが、フーゴー・グロティウスの自然法における社会的紐帯としての「愛」や、プロイセン王ホーエンツォレルン家の家訓に「民之父母」として人民を救う君主という観念があると知り、それらが「仁」に符合すると見出し、「独り喜んで、雀躍（じゃくやく）」した、と（「行政ノ目的」）。

あるいは、「シラス」に関する講演でも、天皇の統治の起源は、「皇祖の御心の鏡で」人々を「知ろしめし」たこと、すなわち、「力でない心で御支配遊ばして、御心にかけられて、御世話を遊した〔ママ〕といふこと」にある、と言う（井上毅「古言」）。

これらは、単なる撫民政治の理念を述べたものではない。まさに、ホーエンツォレルン家のフリードリヒ二世（カント「啓蒙とは何か」の名宛人）の言葉「君主は人民の第一の下僕（domestique）にすぎない」（フリードリヒ二世『反マキアヴェッリ論』）を想起するなら、そしてすでに紹介したカントの言葉「立法者としての君主の威望は、彼が国民の総意を彼自身の意志に統合することによって成立する」を想起するなら、「救う」や「世話をする」、「下僕」という一連の概念は、人々の意志を統合する「鏡」であることを示唆することで権力の正統性を呈示すると同時に、極めて明確な「職務」を指し示しているのである。つまり、**「下僕」は単なる人を意味するのではなく、「下僕」という「職務」に拘束された人を意味する。**

そうした観念は、すでに西洋中世において確立されていた。ルジャンドルは、この制度的観念を次のように説明している。すなわち、職務の肩書をもつ者は単に死すべき者で、権力行使の場面に登場させられるにすぎず、むしろ職務そのものがその肩書をもつ者に優位しているのであり、職務が永遠であるのであって、その肩書をもつ者は奉仕者である、と(*Leçons VII. Le désir politique de Dieu*)。

「万世一系」なるものも、そのように分節化して理解されなければならなかったのである。この問題を指摘した憲法学者の一人に、佐々木惣一(そういち)を挙げることができる。

政治の役割を問う

佐々木惣一は、一九二〇年一月から二月にかけて、「政治に帰れ」と題された論考を新聞に連載している。その論考は、すでにそのタイトルが示唆しているように、当時の政治や社会の情勢に対する、非常にアクチュアルな問題提起を行っている。ただし、当時の情勢を反映した問題提起とは言っても、佐々木が投げかけている基本的な問いは、権力と暴力を分かつもの、すなわち「何が政府と盗賊を分かつのか？」という古典的な問いである。ボダンやロック、ルソー、ケルゼンなど、近代の名だたる思想家が投げかけた、あの問いである。

佐々木は、まず当時の日本で、とりわけ学生や労働者の間で浸透しつつあった社会主義や共産主義、無政府主義を取り上げて、それらの多くの言説に通底する認識を次のように要約する。すなわち、「政治は掠奪であった」（「政治に帰れ」）、と。佐々木は、そうした認識が経済活動の基底性（下部構造）と自律性を前提にするものだが、実際には、むしろ近代の経済活動は、所有権や自由契約の観念と制度によってもたらされたものであると主張する。つまり、第一次世界大戦後の不況による社会格差の問題を解決するのであれば、政治そのものに「掠奪」というレッテルを貼ることではなく、むしろ制度の改革こそが必要なのであって、そのためには「政治に帰れ」と佐々木は言う。

とはいえ、佐々木が改革の現実性について楽観的な見通しを、決してもっていなかったのも事実だ。というのも、少なからぬ「政治家や教育家」が家族国家論を信奉しており、彼らが社会運動や労働運動を危険視していたことを、佐々木は問題として十分に理解していたからだ。つまり、「政治家や教育家」が家族のような一体の国家というフィクションを信奉する限り、**政治＝掠奪論は一体性を阻害する要因として捉えられ、抑圧されることになる。**それでは、権力と暴力とを分かつものが論議されるどころか、ますます暴力が跋扈することになるだろう。

この点について、簡単に補足しておこう。佐々木の念頭にあるのは、一九一七年に寺内正毅（まさたけ）内閣の下に諮問機関として設置された臨時教育会議である。臨時教育会議は、一方では、高等教育と実業教育の拡充などの提言を行って、教育の機会の拡大に貢献したことで知られるが、他方で、一九三〇年代の政府による思想統制につながる建議（「教育ノ効果ヲ完（マッタ）カラシムヘキ一般施設（シセツ）ニ関スル建議」一九一九年）をも行っている。後者は、思想統制の際の旗印に用いられた「国体明徴（こくたいめいちょう）」なるスローガンを掲げたのである。ここで、あの悪名高い「国体明徴声明」（一九三五年）を思い起こしておいても良いだろう。すなわち、天皇機関説を政治的に葬ったと言われる岡田啓介内閣による声明である。「政治的に葬った」とは言われるが、そこでは**政治が暴力であることを前提としている**とさえ言えるだろう。この問題については、後で立ち戻ろう（第三章第三節）。

臨時教育会議をうけて、一九一九年には、原敬（たかし）内閣の下で臨時法制審議会が諮問機関として設置された。同審議会の諮問の一つには、家族制度が社会秩序の根幹であるという認識を前提とする家族制度の引き締めの問題があった。

さて、佐々木は、「政治家や教育家」の信奉する家族国家論の提唱者が穂積八束であり、穂積八束が家族国家論の歴史性を主張したのに対して、戸水寛人が穂積八束の論はロバート・フイルマーのキリスト教的な絶対主義君主制論の焼きなおしであることを暴露したことを紹介している。佐々木は双方に敬意を払い、必ずしも明確には述べないが、「国家の存在の理由」にまで立ち返る必要性、つまり法秩序としての国家の正統性の問題にさかのぼる必要性を説いていることから、家族国家論ではない理念にもとづいて、政治の役割を追求することを意図していたと言える。

では、政治の役割とは何か。佐々木の主張を要約すると、**個人の自由と機会の平等を保障しつつ共同生活を可能にすることである**。では、その役割は、どのような理念から導き出されるのだろうか。一つには、近代という時代の普遍的な価値観である。例えば、論考「政治に帰れ」では、「人類」という普遍性の観点から政治が論じられている。しかし、各国の独自性の観点から立憲主義が論じられた、戦時期の著書『我が国憲法の独自性』(一九四三年)では、もう一つの理念が呈示されている。

理性に準拠するということ

佐々木が明治憲法の「独自性」について語ったのは、直接的には、同時代の憲法学者黒田覺(さとる)が、明治憲法の統治権をシュミットの決断主義、憲法制定権力論によって解釈したことに起因する。黒田の統治権論については次章で立ち戻ることにして、ここでは佐々木における政治が準拠すべき理念の問題を確認しておこう。

佐々木の統治権論の要点は、統治権が決断主義のような法外な権力ではなく、天皇の職務を意味することである。つまり、あくまでも天皇は職務という制度に拘束されているのである。佐々木は、シィエスやシュミットの憲法制定権力論が、フランスやドイツで流布したことには理解を示しつつも、明治憲法を憲法制定権力論によって解釈することはできないと言う。その論拠が、あの「シラス」論だった。すなわち、『憲法義解』の「シラス」論から、統治権が「国家目的を遂ぐるの意思力」であることは明らかだ、と。「国家目的」とは何か。「国民全体をして能く共同生活を為さしむると共に、国民各自をして能く其の処を得しむることである」。つまり**統治権とは、人々が各自の生を十全に享受し、かつ共同生活を営むことができるように意思する力だ**、というのである。それは、佐々木の言う、政治の普遍的な役割に他ならないが、それが統治権から導き出されるのが明治憲法の「独自性」だということだ。

明治憲法の「独自性」とは言っても、佐々木が統治権解釈に、第一次世界大戦後の政治の混迷からの活路を見出したのは、決断主義に対抗しうる、単にナショナライズされた法治国家観念の確立を目指したからではない。総動員体制の構築を課題とした第一次世界大戦後の世界では、戦争は暴力として法の外に位置づけられるのではなく、権力が日常的に管理する事項となり、権力と暴力との境界線の再設定が要請される。ホッブズ流の社会観が現実のものとなったのである。それでも決断主義的な再設定に陥らずに、権力を法に拘束するには、法が準拠する何らかの理念が必要となる。さらに、次章で見るように、佐々木が「政治」と呼ぶ議会制は、社会主義、共産主義、無政府主義からの批判によって、もはやブルジョワ自由主義によって存立を維持することは不可能になった。そこで、佐々木は「国家の存在の理由」にまで立ち返るのである。

その「理由」について、佐々木は『日本憲法要論』（一九三〇年）において、「国家ノ存在ノ根拠」として次のように言う。すなわち、国家として営まれる生活は、家族のような「自然事実」とは異なり、規範によって成立するのであって、「自然事実」に属する生活が「衝動的欲求」にもとづくのに対して、規範・制度に属する生活は「理性」を「存在ノ根拠」とする、と。

佐々木が家族国家論を警戒していたのは、それが「衝動的欲求」を排除しない国家論だと見なしていたからであり、それに対して、制度としての国家は「自然事実」とは区別される規範的な事実であり、規範的な事実は「理性」に準拠すると考えていたためである。その「理性」を佐々木は、統治権論、つまり「シラス」論に見出したのだった。たしかに、それは天皇の「理性」を信奉せざるをえない点で、実定的規範にとらわれる憲法学者の理念論の限界を露呈させている。実際には、それはまだ深化の余地があったのだが、その点は終章で検討しよう。

とはいえ佐々木は、総動員体制の構築と議会制の危機のなかで、**権力と暴力のかつての境界**

線が抹消されていく状況にあって、なお権力を法に繋縛するための理念を模索したのだった。それは、国家という西洋近代の法秩序の観念を、立憲主義や主権などといった制度的理念一式とともに受容しつつ、それを統治権という固有の概念によって日本に根付かせた歴史を辿って、「国家の存在の理由」を呈示するという日本の近代を根本から問い直す作業だったのである。その意味で、佐々木の言う「政治に帰れ」とは、同時に「歴史に帰れ」でもあるだろう。そこで、次に、歴史に立ち返って、近代における政治の、とりわけ議会制の法的な位置づけを確認することにしよう。

第三章　茶番としての危機
――法と主権、そして議会制

帝国議会第三次仮議事堂(1925-36年)

第一節　議会制の危機？

再演される〈真の代表〉問題

第一次世界大戦後、社会主義や共産主義、無政府主義が、議会制自由主義に対するイデオロギーとして台頭したとき、議会制はそれまでのあり方に変容を迫られた。言い換えれば、ブルジョワ自由主義は議会制の理念を支えられなくなったのである。それは、より現実的に言えば、ブルジョワ市民層を中心に構成された議会が、国民の利害を反映していないという批判を突き付けられたことを意味する。それは、国民の代表という観念の問題でもある。

ここで少々脇道に逸れるが、議会制にかかわって、近年の政治をめぐる動向で興味深い出来事を取り上げておこう。すなわち、フランスの「気候のための市民会議(La Convention Citoyenne pour le Climat)」(以下「市民会議」)である。それは、二〇一八年一一月に始まった「黄色いベスト運動」の参加者の一部が、エマニュエル・マクロン大統領の掲げた気候変動対策に対して批判したことを契機に、二〇一九年一〇月に設けられた。「市民会議」は、二〇三〇年までに一九九〇年比で四〇%の温室効果ガスの削減を実現するための、一四九におよぶ政策提言を行った。

その提言すべてが、議会での法案作成に反映されたのではないが、既得権益に拘束された議会に、民主的な変革をもたらしたなどと評価される。

提言の内容には立ち入らず、ここでは、「市民会議」がどのような政治的な位置を占めているかに注目しよう。「市民会議」は、性別・年齢・学歴・社会的階層・居住地などの項目ごとの人口分布を踏まえて、抽選で選出された一五〇人によって構成された。この構成について、「市民会議」のホームページでは、「市民会議はフランス社会の多様性を明確にしている」と表現されている(https://www.conventioncitoyennepourleclimat.fr)。

「市民会議」の設置を決めたマクロンの政治的な思惑はともかく、**なぜ、選挙によって民主的に選出されているはずの立法機関としての議会ではなく、「市民会議」に気候変動対策の策定が委ねられなければならなかったのだろう。**「市民会議」のホームページの言葉を踏まえるなら、議会が「フランス社会の多様性」を反映していない、と判断されたからだ。さらに言えば、議会が市民の多様な利害を反映していない、つまり議会が市民を代表していないと判断されたのである。とすると、そのことは、議会ではなく「市民会議」こそが、フランス社会の〈真の代表〉であるということを意味するのではないか。

これは議会制に対する根本的な疑義を意味する。衝撃的な出来事にも思われるが、第一章第三節において、以下のことを確認した私たちにとっては、当然の帰結だと言えるだろう。というのも、第二次世界大戦後の世界が、ガヴァナンス論を掲げて、議会などの公的機関のみならず、NGOやNPO、企業、団体などの社会的パートナー間の利害調整によって意思決定する方法を推し進めてきたためであり、つまり当事者間の合意形成という協調によって社会的対立や紛争をなきものと見なしてきたためである。その意味において、「市民会議」やその設置の契機となった「黄色いベスト運動」は、抑圧されてきた社会的対立や紛争を掘り起こしたと言える。

では、「市民会議」のように選出されたものこそが、〈真の代表〉であると言いうるのだろうか。おそらく、否と言わなければならないだろう。というのも、論理的には、選出する際の基準となる性別・年齢・学歴・社会的階層・居住地などのカテゴリーは、さらに細分化できるからであり、しかもそれらカテゴリーには流動的なものもあるからだ。人や人が所属する団体の利害は、必ずしもそれらカテゴリーに還元されないのである。したがって、統計的な緻密さによって〈真の代表〉を選出しようとすればするほど、皮肉にも、〈真の代表〉を選出することが不可能であることが露呈するのである。

なぜ、科学的な厳密さは、代表を選出するのが不可能であることを暴露するのか。それは、代表という観念がフィクション（擬制）であり、ケルゼンの言葉を借りるなら、議会が全人民の代表であるという言明は、「科学的理論」ではなく「政治的イデオロギー」であるからだ（『法と国家の一般理論』)。代表の選出方法を再検討することは、議会制など既存の制度に孕まれた問題を浮かび上がらせ、解消するために資することはあっても、それによって〈真の代表〉が可能になるのではない。政治家が〈真の代表〉を標榜する状況(ドナルド・トランプがその典型とされる)が、近年では「ポピュリズム」と呼ばれ、議会制民主主義の危機が指摘される。そして「ポピュリズム」と区別される民主主義のあり方が模索されているが、その状況がどこか滑稽な茶番にも映じるのは、脱魔術化の時代としての近代にあって、**〈真の代表〉なるものがもはや幻想にすぎないことを、そしてそれが初演ではなく再演であることを、私たちは知っている**からだ。

ケルゼンとシュミット——ワイマール期の危機をめぐって

議会制の危機は、すでに一〇〇年前に論議されている。その一例が、ワイマール憲法体制下のドイツだ。ワイマール憲法体制については、議会制の担い手である自由主義勢力が弱体化していたことがしばしば指摘されるが、ここでは、現実のワイマール憲法体制下の議会制の問題ではなく、「議会制の危機」をめぐる論点を確認することにしよう。それによって、この種の論議において、何が問題なのか明らかになるだろう。

当時の「議会制の危機」論に対して、ケルゼン「議会制の問題」(一九二五年)は、議会制に関する誤解にもとづく議会制批判であるとして、釘を刺した。ケルゼンは、身分制が解体されブルジョワジーの政治参加が可能になり、さらにプロレタリアートにまで政治参加が拡大されたのは、議会制の「偉業」として評価されるべきだと言う。この「偉業」を支えてきたのが「民主的自律」の理念であって、より民主的な政治を求めるのであれば、議会制を否定するのではなく、むしろ議会制を擁護するべきだというのが、ケルゼンの立場だ。ただし、ケルゼンの議会制擁護論には、いくつかの前提がある。すなわち、民主主義が依拠する原理や、代表観念の問題、多数決原理を機能させるための条件などである。

ケルゼンによると、議会制とは民主的自由と分業の原理との「妥協の産物」である。議会制を民主主義的な理想としてではなく、「妥協の産物」として理解することが必要なのである。国民によって選出された議会が、国民に代わって、国家としての意思決定を行うという分業は、必ずしも理想的な民主的政治を実現するとは限らないからだ。とりわけ、議会が国民全体の代表であって、特定の選挙民の代表ではないと観念される限り、議員は選挙民の利害に拘束されない、つまり議員は選挙民に対して無答責となる。これには、議員が選挙の際に所属していた政党から脱退や除名された場合に、議席を失うようにすることで、対応することができる。

あるいは分業の原理を徹底するのも一つの方法だ。職能代表などによって構成された「専門議会」を設けることで、無答責を否定するとともに、立法に要求される専門的知識を補うことができる。ただし、それには深刻な問題も伴う。ケルゼンによると、実際に当時の議会内の専門委員会のために、本会議が「形式的な投票道具」になりさがったのである。しかし、国家の意思決定に関わる問題は、決して職能団体の利害や専門性によって解決できるものではなく、むしろ国民としての意思が問われるものが少なくない。したがって、ケルゼンは「専門議会」が議会に取って代わるのは不可能であると言う。この観点からすれば、先に見たフランスの「市民会議」は、議会が「形式的な投票道具」と化したために、あらためて「市民」としての意思を問うために必要だったと言えるのかもしれない。

国民としての意思決定には、多数決原理を機能させるための条件が要請される。すなわち、同質性である。というのも、多数派と少数派との対立の深刻化は、ときに国家としての単一性の瓦解をもたらしかねないのであり、そうならないためには、多数派と少数派とが妥協に到るだけの意思疎通が要求されるからである。そのためケルゼンは、多民族国家においては、少なくとも民族的文化問題は、中央議会の所管とはせずに、各民族団体の代表機関に委ねられるべきだと言う。

さて、こうした議会制の前提となるものの考察を踏まえて、「議会制断罪論と対決する準備がととのった」とケルゼンは言う。「議会制断罪論」とは、カール・シュミット『現代議会主義の精神史的状況』（一九二三年）である。ケルゼンは、シュミットの同書の立場を「形而上学的絶対主義」と形容し、それに対して、自らの立場、つまりつねに反対説を可能なものと考え、妥協を肯定する立場を「哲学的相対主義」と呼ぶ。すなわち、シュミットの「議会制断罪論」は、「絶対的真理」や「絶対的価値」への「形而上学的宗教的信念」を掲げた独裁制論であって、もはや民主的自律の放棄であるのに対して、反対説や少数説の権利を認める相対主義こそが民主主義の理念でありうる、と。シュミットが真の民主制を掲げて、神的な権力への帰服と自律の放棄を主張していると、ケルゼンは批判するのである。

両者の分水嶺となっているのは、おそらく「代表」の観念と民主主義が依拠する原理の観念である。ケルゼンは、すでに見たように、「代表」とはあくまでもフィクションであることを強調する。そう言って良ければ、代表観念を、脱魔術化の時代にふさわしい覚めた合理主義の枠組みに収めるのである。さらに、ケルゼンは観念的に民主制が依拠するのは、支配されることと、他律への抗議であり、自由の希求であると言う（『民主制の本質と価値』）。平等原理よりも、**むしろ自由原理が民主制を駆動している、とケルゼンは強調する**のである。しかし、他方で、現実的に自由を享受するには、社会秩序が要請される。つまり、「客観的拘束」が不可欠となるのである。そのため、支配しているのは、自己と同等の個人ではなく、国家なる匿名の人格（法人）であるという見かけ上の仕組みが設けられ、「民主的感情にとって堪え難い事実」は意識されなくなる。その意味において、国家人格説（国家法人説）は「民主制のイデオロギー」である、とケルゼンは言う。

したがって、人は個人として十全な自由ではなく、支配者である国家を構成する国民としての自由を享受するのであり、「国民主権」という言葉はそのように理解されなければならないのである。ここから、自由原理と国家による拘束というパラドクスが、ケルゼンにおける民主制の理念であると理解できる。それが、ここで〈近代的な態度のパラドクス〉と呼んでいるものに他ならないのは、言うまでもないだろう。つまり、**ケルゼンが語る民主制は、支配者なき秩序という理想と、理想の追求が支配者による庇護の下でのみ可能であるというパラドクスにもとづいているのである。**その意味において、ケルゼンは西洋近代固有の準拠を的確に把握し、その論理的な展開を議会制論において試みたのだと言えるだろう。

危機と神話――法秩序の再創造

シュミットは、なぜ、議会制に「危機」を見出したのだろうか。

ケルゼンにおいて、民主制が依拠するのは自由原理だったのに対して、シュミットはあくまでも平等原理であると主張する。ケルゼンと同じく、シュミットもまた民主主義には社会の同質性が要求されると言うが、**同質性とは、「平等なものが平等に取り扱われる」ための条件であり、その帰結として、民主主義は「平等ではないもの」を「排除ないし絶滅」することを「本質」としている、とシュミットは言う**（『現代議会主義の精神史的状況』第二版序文）。つまり、意思疎通や議論をするための条件としての同質性ではなく、「平等の実質(Substanz der Gleichheit)」が求められ、「実質」は「一定の肉体的および精神的資質」に見出されるとシュミットは言う。一九世紀以降の国民国家体制にあっては、それは「特定の国民への帰属」を意味する。

もちろん、ケルゼンの自由原理にもとづく民主制も、自由を享受しうるのはあくまでも「国民」であって、その意味で、民主主義的な体制を構成するのが「国民」であることには違いはない。しかし、シュミットの場合、民主制は「平等の実質」に支えられているように、平等原理にもとづく民主制は、民主制の実体(Substanz)を要求する。その帰結として、シュミットは、大衆民主主義(Massendemokratie)の本質を統治者と被治者の同一性に見出すのである。自由原理にもとづく民主制の場合、統治者としての国家という法人を設けることで、自由の希求という感情を慰めることが可能だが、社会階層を問わず政治参加が認められることを意味する二〇世紀の大衆民主主義において、統治者と被治者の同一性など実現できるのだろうか。

シュミットはルソーと異なり、その実現を主張しはしない。むしろ、統治者と被治者の同一性を掲げることでシュミットが言わんとするのは、議会制の危機である(『現代議会主義の精神史的状況』)。すなわち、ブルジョワ市民層の教養にもとづく自由な討議によって意思決定するシステムは、大衆民主主義には合致しない、と。そもそも、シュミットによると、公開の自由な討議が正しい意思決定をもたらすというのは、経済における自由競争が諸利害の予定調和と最大限の富をもたらすということと同じく、一つの推論にすぎない。さらに、シュミットもまたケルゼンと同じく、閉ざされた小規模の委員会で事実上の意思決定がなされている議会政治の現実を問題として挙げ、ただしケルゼンとは異なり、そこから、もはや議会主義は精神的な基盤を失った、と結論づける。

では、公開の自由な討議ではなく、何が大衆民主主義にふさわしいというのだろうか。主権者による決断と、国民の「喝采（かっさい）(*acclamatio*)」である。シュミットは、それを「独裁的で、カエサル主義的方法」と呼び、「民主主義的な実質と力の直接的な表現」だと言う（『現代議会主義の精神史的状況』第二版序文）。これこそが、神的な権力への帰服と自律の放棄としてケルゼンが批判したものである。それもまた、〈近代的な態度のパラドクス〉と位置づけたくなるが、シュミットにおいては、決してパラドクスではなかった。その認識を支えているのが、「神話」が新たに要請される時代だという時代診断と、「代表」の観念である。

主権者による決断と国民の喝采が、民主主義的な方法として了解される時代とは、いったい、どのような時代なのだろうか。この問題について、シュミットが参照しているのは、革命論である。より正確に言えば、フランスの思想家ジョルジュ・ソレルの『暴力論』（一九〇八年）である。シュミットは、大衆が自らの信じる世界観のために殉ずることをもいとわず、暴力行使へと駆り立てる「神話」に、大衆民主主義の原動力を見出すのである（『現代議会主義の精神史的状況』)。ブルジョワジーの「金権政治」に堕した議会主義を脱し、民主主義へと導くのは、ゼネストへの信仰に見られる大衆の「神話」である、と。

「神話」とは何か。ソレルによると、大規模な社会運動において、参加者が「自らの勝利を確保するイメージ」である。それは、ユートピア思想や予言、占星術と異なり、描かれたことが実現するか否かは問題ではなく、「現実に働きかける手段として評価されなくてはならない」、とソレルは言う(『暴力論』)。つまり、人々を行動へと駆り立てるものである。もちろん、「神話」の役割は、破壊的な衝動を喚起するだけにはとどまらない。ソレルの『暴力論』が、ゼネストによって立ち現れる新たな社会秩序とモラルの構想を目的としたように、「神話」とは新たな秩序の準拠である。

その点については、ポール・ヴァレリーの言う「フィクション(擬制)」を見ておいても良いだろう。すなわち、ヴァレリー「『ペルシャ人の手紙』序」(一九二六年)によると、人が「獣性=暴力性(brutalité)」を脱して秩序を形成するには、「フィクションの力」が必要である。言い換えれば、諸々の制度は事物のありのままの状態から生ずるのではなく、象徴や記号といった表象によって捉えられた現実から生じるのであり、その現実を現実として把握させているのが「フィクションの力」である。ここでの関心から言えば、暴力が既存の秩序を破壊した後で、「神話」や「フィクション」が暴力と権力の境界線を再設定し、新たな秩序を再創造するということだ。例えば、三木清『構想力の論理　第一』(一九三九年)が、ソレルの「神話」やヴァレリーの「フィクション」にもとづいて、記紀神話に代わる神話・フィクションに準拠する秩序の再創造を主張しているように、**こうした神話論やフィクション論は、法秩序創造の論理に属している。**

その意味において、**シュミットの言う「神話」もまた、脱魔術化の近代にあってパラドクシカルに見えても、それを梃子に法秩序の再創造を構想する限りにおいて、なお非常に近代的な概念なのである。**さらに言えば、主権者による決断のみならず、国民の喝采もまた、創造的行為であり、そのために民主主義的な方法として位置づけられるのである。

「政治的統一体」と「代表」——権力を演出する

議会がブルジョワジー、資本家の利害代表にすぎず「金権政治」に堕したというのは、シュミットのみならず、少なからぬ思想家による二〇世紀前半の時代診断だった。そこで問題になるのは、大衆民主主義の時代にあって、議会はもはや国民の「代表」ではない、ということだ。この点について、ケルゼンはそもそも「代表」とはフィクションにすぎないことを強調し、より自由で自律的な意思決定が実現される仕組みを模索した。それに対して、シュミットは、主権者による決断と国民の喝采に大衆民主主義の仕組みを見出しているように、議会とは異なる国民の真の「代表」に執着した。両者の間にあるのは、単に民主主義のあるべき姿の相違というよりも、**西洋の伝統に対する態度の相違である。**

決断を下す主権者像は、少なくともシュミットにとって、西洋の伝統的な「代表」の属性である。いったい、「代表（Repräsentation）」とは何か。シュミットによると、「代表する（repräsentieren）」とは、目に見えない存在を、現に公然と存在するものによって可視化し、現前させることである（『憲法論』）。わざわざ見えないものを現前させるのであるから、代表されるものは、現前させるに値するものでなければならない。例えば、私的な利害などは、代表するに値するものではなく、「代理（Vertretung）」の対象となる。シュミットは、このような「代表」概念を、「政治的な実存」に特殊な意味だと言う。その帰結として、代表されるのは「全体としての政治的統一体」だということになる。

ところで、シュミットは、この「代表」は委任や職務といった制度的なものを超越すると言う。主権者は法に拘束されないのだから、「代表」が制度的なものを超越するのは当然なのだろう。そして、「代表」とは「統治（Regierung）」を行う者であり、真の統治と海賊や盗賊の力の行使とを分かつのは、「政治的統一体」としての人民を代表しているか否かだ、と言う。

ここでもまた、古典的な問いに出くわすことになる。すなわち、権力か、盗賊か？　この問いをめぐって、古代以来、さまざまな基準が呈示されてきたことを、私たちはすでに見た。正義に適っているか否か、神に従っているか否か、権限を有すると見なされるか否か、挙句は一切の権力は盗賊であるというユートピア的なものまで。おそらく**歴史上消費されてきたイデオロギーの数だけ、その基準は存在する**と言えるだろう。ただ、少なくともローマ法の「再発見」以降、つまり法学の誕生以降、権力を権力として演出する定型表現が用いられていたことも、ここでは確認した。すなわち、「職務によって」である。**力を制度的なカテゴリーにつなぎとめることで、力はむき出しの力ではなく権力として観念されるのである。**

では、シュミットの「代表」はどうだろうか。それは、制度的なものを超越するのであって、むしろ実存的なものだ、とシュミットは言う。たしかに、制度としての議会の危機を喧伝してしまうと、その向かうところは、一切の代表の欺瞞を告発し支配者なきユートピアを掲げるか、制度という限界に拘束されない真の代表を求めるしかないだろう。もちろん、シュミットは後者を選んだ。というのも、それがシュミットにとって西洋の伝統だったからだ。

まずは、その伝統のなかにホッブズがいる。シュミットは、ホッブズの主権者としての君主が「政治的統一体の代表者」だと言う。ホッブズによると、多なるものとして観念される「群集(a Multitude of men)」が一つの人格(Person)としての国家となるのは、一なる人格が多なる群集を代表する(represent)からである(『リヴァイアサン』)。

ところで、代表とは何かを考えるうえで注意する必要があるのは、「人格」も「代表」も演劇的な意味をもっていることである。すなわち、《represent》は「演じる、上演する」を意味し、また《person》は「役柄、仮面」を意味するラテン語《*persona*》に由来する。つまり、ホッブズからシュミットが引き出した代表の観念とは、現に存在する主権者＝君主が一つの国家というペルソナ（役柄）を「演じる」ことで、目に見えない政治的統一体を現前させることを意味するのである。そのため、シュミットの代表の観念とは「バロック演劇の「上演」」であるとも言われ（和仁陽『教会・公法学・国家』）、そこに西洋のある時代の歴史的刻印と世界観を見ることができる。

しかし、マックス・ウェーバーが、ローマ教会でさえ教皇無謬の教義よりも官僚制的な機構が決定的な意味をもつようになるほど、広く官僚制的経営が西洋社会に浸透し、国家が巨大な工場のような「経営体（Betrieb）」と化したと見なし（『新秩序ドイツの議会と政府』）、またそれを踏まえてケルゼンが、民主主義の問題は経営の問題でもあると断じた一九―二〇世紀の産業主義の時代にあって（「民主制の本質と価値」）、**シュミットの代表観念は、同時代に対する鋭い批判としての意義をもちえても、民主主義の理念の再構築の試みとしては徒労となる定めにあった**（和仁『教会・公法学・国家』）。それは、ローマ法の「再発見」以来の西洋の法的伝統のある一面を浮かび上がらせることで、二〇世紀の法と政治に対する危機感を喚起したものの、おそらくその一面性のために現代的秩序の準拠とはなりえないのであろう。とはいえ、**私たちにとって、**

この問題は決して解決済みではない。

第二節　多なる個、一なる国家——有機体から主権へ

代表——何が西洋的伝統か？

シュミットが議会制に見た「危機」とは、議会が「金権政治」に堕したことを意味するとともに、「企業体」の経営官僚制が「代表」に取って代わったことをも指している。この「危機」の克服は、官僚制的な経営に労働者‐大衆が参画する可能性を模索することではなく、無謬の決断者にして労働者‐大衆の「代表」への信仰によって図られた。というのも、「危機」が「危機」であるのは、制度的なもの、規範的なものからの逸脱であるからで、その克服は、伝統的規範への回帰によって図られなければならないからだった。そして、「代表」とはシュミットにとって、西洋の政治的かつ神学的伝統だった。

シュミットがホッブズから引き出した代表の観念には、ある古典的な問題が含まれている。すなわち、一と多の問題であり、国家とは多なる個が一なるものとして観念されるという問題である。**多が一であり、一が多であるとはどういうことか。**人が身体という限界に拘束される限り、人はあくまでも個的な存在者であって、個という多にとどまるはずだが、古代ギリシア

以来、人が人であるのは社会的、あるいは共同体的な存在者であることに求められてきた。言い換えれば、多でありながら、同時に、単一の共同体に生きるのが、人間であるということだ。しかし、**どうすれば自己と他者とが単一性をなしうるのだろうか。**自己と他者との間を結びつけるもの、媒介するもの、つまり紐帯がなければ、それは成就しえないだろう。しかも、共同体の単一性が維持されるには、その紐帯への人々の信は絶対でなければならない。シュミットがホッブズの代表としての主権者に見たのは、この紐帯だった。

ところで、すでに触れたように、この主権者という概念の出所は、立法者としての教皇像を作り上げた一一―一二世紀の〈グレゴリウス改革〉にある(Pierre Legendre, *Leçons IX. L'autre bible de l'Occident*)。このとき、ローマ教会は国家のプロトタイプとしての中央集権的な政治組織へと変貌するとともに、教皇は立法権や、皇帝・世俗の君主を廃位する権限をもつことで、政治的・神学的誤謬を判断する法学者・神学者にして最高位の裁判官となった。ここでは詳しくは立ち入らず(拙著『主権論史』参照)、ただ次のことを確認しておこう。

すなわち、ローマ教皇グレゴリウス七世(在位一〇七三―八五年)によって、後の主権者のような立法者として描かれた教皇は、それ以来、キリスト教徒の「代表」、紐帯として、必ずしも君臨し続けたのではない、ということだ。ちょうど、「法律から解放されている」/「法律に拘束されている」という法諺をめぐって、シュミットはその主権者論において前者のみを強調したのと同じように、ここでもシュミットは、教皇主権者論的な代表観念にのみ注目しているのである。

代表観念をめぐる西洋的な伝統の問題を、主権者をめぐる問題と同じく、法に拘束されるのか否かという観点から概観しておこう。法思想史学者のブライアン・ティアニーによると、キリスト教の公会議によって決定されたカノン法(教会法)の不可侵性はグレゴリウス七世によって宣言され、それは後に、カノン法が教皇自身に適用されるか否かという問題を惹き起こすことになるのだが、一二〇〇年頃には教皇は公会議に拘束されるという見解が現れた(『立憲思想』)。この「公会議理論(conciliar theory)」や「公会議主義(conciliarism)」と呼ばれる思想は、やがて世俗国家にも適用され、主権者といえども基本法に拘束されると考えられ、立憲主義の源流の一つとなる。

言うまでもないが、その理論が彫琢されるまでのプロセスは複雑だ。ここでは要点だけを確認するにとどめよう。教皇が最高位にして不可侵の裁判官であるという理念の根拠は、新約聖書の『マタイによる福音書』第一六章第一八節以下の記述にあるとされる。すなわち、イエスは教会を建てることを宣言し、さらに「天国の鍵」をペトロに授けると言ったという記述である。これによって、ペトロは初代教皇となったと見なされ、教皇は教会の長であり、教会に授けられた裁治権(jurisdiction)の保持者にして、教会の不朽のシンボルとなったと考えられた

(Brian Tierney, *Foundations of the Conciliar Theory*)。

この教皇が教会を代表＝表象する(represent)という理念は、一方で、教皇は無制限の権力を行使すると解釈されたが、他方で、教皇は教会全体に授けられた権力を制限付きで行使するにすぎないとも解釈された。一三世紀に、信仰に関する無謬性は教皇ではなく、教会全体にこそ適用されるという見解が現れると、もはや教皇が教会の代表であるという理念は揺らぎ、教皇インノケンティウス三世(在位一一九八―一二一六年)の治世には、公会議こそが教会の代表であると改められた、とティアニーは言う。

とはいえ、事態はそれほど単純ではなく、一三―一四世紀には、教皇は公会議の決定した法に従わなければならないのか否か、教会の代表は教皇か公会議かという問題をめぐって論議された。多くのカノン法学者が教皇主権者論を支持したものの、他方で、社会観念を表現するのに用いられた社会有機体説は、公会議理論家たちを後押しする。社会有機体説とは、社会をひとつの身体と見立てて、教皇や君主を頭＝長(head)、諸機関や被支配者を身体の各部分になぞらえるメタファーである。公会議理論家たちによると、たとえ教皇が頭＝長であっても、ちょうど頭が身体の各部分と相互に依存する関係にあるように、教皇と公会議、さらに信徒たちは互いに依存し制限しあうのである。

〈頭〉だけの主権者論、〈有機体〉の立憲主義

シュミットに比べ、ティアニーが立憲主義的伝統を強調しているのは明らかだ。両者の立場は、ちょうど教皇主権者論と公会議主義の反復のようにも思われる。ティアニーによると、立憲主義の発展にとって決定的な事件が起きる。すなわち、〈大分裂（the Great Schism）〉である。一三七八―一四一七年の間に、最初は二人、後に三人の教皇が選出され対立し、それぞれが聖庁を設けた事件である。この教会の分裂を収拾するにはどうするか。教会全体の意思を確認するには、公会議を招集しなければならないだろう。しかし、そもそも公会議を招集する権限は教皇にある。複数の教皇が対立している状況にあっては、事態を解決しうる公会議を期待することはできないだろう。

ティアニーによると、公会議理論家はこの状況を、教皇空位の状態、もしくは教皇空位のような状態と捉え、教皇が公会議を招集しえないなら、枢機卿ら高位聖職者が招集すべきであり、高位聖職者が招集しえないなら、招集権限は人民（*populus*）全体に属し、皇帝が人民全体になりかわって招集しなければならないと主張した。その理論的な根拠は、ローマ法にある。『学説彙纂』（1・4・1）に見られる、皇帝の意思は法の効力をもつが、その権威は人民の権威と権力に由来するという一節である。これこそ、ジャン・ボダンが『国家論』において断固として否定した観念である。つまり、**近代の主権論は、主権者の権威が人民に由来することを否定するこ**

ホッブズ『リヴァイアサン』

とで確立されたのである。いわば、ボダンは君主と人民との有機体的な関係を断ち切ったのである。言い換えれば、人民との身体論的な関係を否定することで、主権者（souverain）たる君主は、絶対的な高さ＝至高性（souveraineté）を身に帯びるのである。

同じことはホッブズにも言えるだろう。ホッブズの『リヴァイアサン』は、人工的な有機体としての国家観念で知られる。それは、旧約聖書の『ヨブ記』第四一章や『イザヤ書』第二七章に出てくる海の怪獣にちなんで、「リヴァイアサン」と呼ばれている。重要なのは、その名称の由来ではなく、ホッブズがそれを「自動機械」であると説明していることである（『リヴァイアサン』）。つまり、国家という政治体が人工的な機械として論じられていることである。シュミットはその点を「決定的な一歩が踏み出された」と言う（『レヴィアタン』）。それはかつての有機体としての社会とはまったく異なり、**君主が体現する公的な意思を法則とし、その法則によって駆動する自動機械なのである。**

先に見た社会有機体説は、〈キリストの神秘体〉と呼ばれるキリストを〈頭〉とする、そしてその代理人であるローマ教皇を〈頭〉とする身体としての教会の観念を、由来の一つとしている。ティアニーが公会議理論における社会有機体説の意義を立憲主義として強調するとき、有機体がそれを構成する人々の意思によって拘束されることが想定されているのである。

しかし、君主が国家を代表する(represent)と説かれるような近代的主権論は、君主が国家を表象している(represent)のであり、国家は君主の身体のなかにあることになる。カントロヴィチは、そのことを政治体の意味が「頭と四肢」から「頭だけ」へと転換することになった、と言う(『王の二つの身体』)。ついでに言えば、ホッブズやロバート・フィルマーの主権論にもかかわらず、主権論が必ずしも定着したとは言えないイングランドでは、議会が貴族・騎士・市民の代表として観念され、彼らは議会を通じて、頭としての君主とともに政治体を構成する四肢と理解されたために、他の西洋諸国と異なり、有機体説が「驚くほど長く生き残った」、ともカントロヴィチは言う。

近代の主権論が、立憲主義的伝統を具現化する有機体説から、「頭だけ」を切り取った理論であるとすると、主権論と立憲主義とは相いれないことになるのだろうか。次に見るように、近年、そのような関心、あるいは危機感から、その仲裁を図るべく歴史のなかに水脈を探ろうとする試みも見られるが、その前にティアニーが立憲主義的伝統として位置づける(『立憲思想』)、一五世紀の哲学者・神学者ニコラウス・クザーヌスの有機体説を見ておこう。というのも、事態は主権論／立憲主義などと単純な二項対立の構図によっては捉えられないからだ。

クザーヌスは、教会の単一性を、単一の身体として説明する（『学識ある無知について』）。すなわち、多である人々が、一である教会を形成している状態とは、身体の一肢体が身体なくして生命を維持できないようなものとして説明される。問題は、**いかに生命を維持するためとはいえ、人々がいったい、どのようにしてひとつになることができるのか**、ということだ。この点についてクザーヌスは、イエスと合一することによって可能になると言う。しかし、イエスもまた多である人々の一人ではないのか。イエスは、絶対者である神と合一したことで、教会の単一性を保証する特権的な地位を得たのである。こうしてイエスと合一することで、多である人々が一なるものとなることを、クザーヌスは「矛盾の一致（*coincidentia oppositorum*）」と呼び、この有機体を〈神秘体〉と呼ぶ。

ここで注意しなければならないのは、**人々は、全体主義のように、ひとつの全体へと融解してしまうことが理想とされているのではない**ということだ。つまり、たとえイエスとの合一を通じて、さらには神との合一を通じて一である〈神秘体〉を形成するにしても、絶対者である神は無限の存在であるために限定できないのであり、人々は神の存在性を分有することで〈神秘体〉を形成していても、人々は多である存在者にとどまるのである。要するに、個的な存在者＝有としての人は、無限な存在＝無ではありえないのである。後者、すなわち絶対者を、クザーヌスは「認識にとって無と考えられるもの」と言う。

クザーヌスの「無」の至高性＝主権(souveraineté)論は、ボダンやホッブズら以来の決断主義的主権者論が政治的に重宝されてきた脇で、あまり顧みられてこなかったが、三世紀の哲学者プロティヌス以来の否定神学や否定弁証法、神秘主義などと呼ばれる伝統に属している。そう言って良ければ、西洋のもう一つの伝統である。ティアニーは、決断主義に抗して立憲主義の伝統を強調するあまり、クザーヌスの有機体説に潜む「無」の主権論の意義を過小評価していると言えるだろう。しかし、**法が作られるものと見なされる近代という時代にあって、主権論が法の正統性を呈示する言説である限り、正統性を主権者に還元できないことを呈示する〈無〉の主権論の有する射程を、あらためて見直す必要があるだろう。**

いかにして権力に限界を設けるか？

決断主義的な主権論に対して批判が試みられているのは、言うまでもなく、決断者を気取る政治家の権力、言い換えれば、全能者のように振る舞う権力に、限界を設けるためである。教皇主権者論や絶対主義、決断主義が全能者のような主権者の形象をもたらし、その権力の強大化への危機感は、ときに、モアの『ユートピア』はもちろん、自由主義、アナーキズム、ある種のリバタリアニズムなど、支配者なき秩序というユートピア論のさまざまなヴァリアントを生んできた。

しかし、支配者が存在するという事実自体は、歴史的事実として受けいれようという立場からすると、**問題は権力に限界がないということ**として認識される。立憲主義の伝統を喚起するというのは、まさにそうした関心から行われている。その作業は、決して法律の専門家たちの特権的領域に属してはいない。要するに、問題となっているのは、目の前の支配者が、国家の権力者か、盗賊か、ということだからだ。

この古典的な問いが、現代ほど深刻さを帯びている時代はないように思われるのは、テクノロジーの発展によって、人々を監視し管理すること、そして社会をひとつの全体として経営すること、要するに**全体主義とよばれるものが容易に実現しうる**からだ。そもそも、絶えず人が生まれ、そして死んでいく社会が、ひとつの閉じた〈全体〉として存立することなどありえない。とりわけ、「西洋の世界化」(「グローバル化」をその現代的展開として含む)以来、人とモノが盛んに移動する時代にあって、それは不可能だ。それが可能なように思い込まれているのは、全能者として絶対的な高みから社会を俯瞰しているような幻想に囚われているからだ。

とはいえ、国家の終焉を語るほど事態は単純ではない。すでに述べたように、国家が価値中立的な法秩序を意味する限り、また人が法(権利)によって、法(権利)を通じて、生を享受する限り、そして人が社会性を失わない限り、**私たちに必要なのは、全能者の幻想を追い払うこと、**

つまり誰も全能者ではありえないという当たり前の事実と向き合うこと、要するに「全体性との絶縁」(エマニュエル・レヴィナス『全体性と無限』)である。〈無〉の主権論とは、その国家論としての帰結なのだが、それは人に限界を通告する理念に他ならない。

さて、〈無〉の主権論についてはまた後で立ち戻ることにして、近年の限界を設ける試みを見てみよう。

例えば、クエンティン・スキナーは、ホッブズの再解釈を行っている。シュミットは、一なる人格が「代表」であることによって政治的統一体が可能になるというホッブズの主張を強調し、この「代表」に絶対主義の主権者を見出した。しかしスキナーは、ホッブズが絶対主義者とは対立する議会主義者の主張をも受けいれ、そのような「代表」が成立するには人々の同意が不可欠であり、「代表」は衡平や公共善に合致するような支配を行い、公共の利益をもたらす職務に拘束されていることを強調する(Quentin Skinner, « The sovereign state: a genealogy »)。言い換えれば、スキナーはあくまでも、「代表」に「代表」としての権威を付与するのは「群集」であり、またその行為は国家の繁栄と永続性に利する限りにおいて認められるという点を強調する。

たしかに、ホッブズの「代表」をめぐる理論をめぐって、その権力に限界が設けられていることが見落とされがちだったことは、従来の研究でも指摘されてきた。ただし、次のような見解を見過ごしてはならないだろう。すなわち、ホッブズの主権者とは、たしかに義務を負った「職務(office)」ではあるが、その義務は神に対するものではあっても、臣民に対するものではない、というものだ(ハンナ・ピトキン『代表の概念』)。そうすると、ホッブズの主権者はボダンのそれと大きく異ならないのではないだろうか。つまり、主権者の権威は神にのみ由来するのであって、人民に由来するのではないという主権者論である。

そこで、限界を設ける試みは、さらに歴史をさかのぼることになる。例えば、ホッブズが主権者の人格概念を提唱するにあたって参照した古代ローマの哲学者キケロだ。

人民と主権——出所としての古代ローマ?

主権論のプロトタイプは〈グレゴリウス改革〉にある。つまり、それ以前にまで、主権論を求めて歴史をさかのぼるのは、厳密に言えば、正しくないだろう。にもかかわらず、あるべき主権論を求めて古代ギリシアや古代ローマの哲学が参照されるのは、単にボダンやホッブズらの主権論がそれらを引用しているからだけではない。むしろ、全能の主権者の権力には限界がないのではないかという危機感にかられ、その権力に限界を設けるための歴史的正統性を得るためである。

ホッブズは『リヴァイアサン』において、「人格」、より正確に言えば、「代表」という「人格」が生身の人間そのものではなく、「役柄、仮面」を意味するラテン語《*persona*》を意味していることを説明する際に、キケロを引用している。ハンナ・ピトキンによると、ホッブズの引用しているキケロの「人格」とは、法廷弁論を準備する弁護人が、自分自身と相手方と裁判官の三役を演じて法廷に備えるときの、その三つの役柄を指している（『代表の概念』）。そして、それが意味するのは、「人格」の行為とは、演じる者＝代表する者自身の行為というよりも、むしろ演じられる者＝代表される者の行為と見なされるということである。したがって、主権者が人々の代表であるならば、主権者の行為は主権者自身の行為ではなく、人々の行為と見なされることになる。

ここに厄介な問題が生じる。代表者が単なる代表者であれば、代表者の行為は代表される者の行為と見なされる以上、代表される者によって何らかの拘束を受けるのは正当である。しかし、代表者が臣民に対して責任を負わない主権者であるとすると、そして神に対してのみ義務を負い、またその義務の内容を決めるのも彼以外にはありえない主権者であるとすると、この主権者としての代表者の権力には限界がないことになる。

この問題を解決すべく、キケロに「人民の主権（popular sovereignty）」を見出すことが試みられている（Valentina Arena, 《Popular sovereignty in the late Roman Republic: Cicero and the will of the people》）。キケロ『国家について（*De re publica*）』（ラテン語《*status*》に由来する国家概念と区別する

ため、以下では書名以外については《*res publica*》を「共和国」と表記する）では、「共和国」の定義に「人民の主権」が見出され、さらにその「人民の主権」がエリートに託されることが論じられているが、キケロ『法律について（*De legibus*）』では、プラトン『法律』の君主制と民主制の中間を目指して構想された選挙制度に関する記述に触発されて、人民の「最高権力（supreme power）」と元老院の「権威（authority）」との間の均衡した調和ある国制が論じられており、ここに「人民の主権」の「譲渡のような」理論への展開が見られる、と。そうすると、たしかに、ホッブズ『リヴァイアサン』は均衡や調和を欠いた主権論であり、歴史的観点からすると、必ずしも正統性を有するのではない、ましてホッブズに依拠した決断主義など言うまでもない、などと論じることが可能になる。

キケロ『国家について』によると、「共和国（*res publica*）」とは「人民の物（*res populi*）」を意味し、人民による法についての合意と利益の共有が共和国の内実であり、そのことから人民の最高権力が導き出されている。また、キケロ『法律について』では立法権と裁判権を託される官職者の腐敗を防ぐために、そして人民の自由を保障するために、最高権力を有する人民が官職者を選挙する重要性が説かれている。しかし、所有の観念にもとづいて権力の正統性が語られうるのは、支配することと所有することとが区別されなかった時代のことである。さもなければ、私的な所有権は権力によって保障されずに宙づりになってしまうだろう。

アラン・シュピオが言うように、キケロの共和国論・法論が触発したのは、主権を有する君主や人民という形象が普及する以前の、中世の人々に対してだったのであり、あるいは、もし現代において主権論がすでに厄介払いされたのであれば、ふたたびキケロに立ち返ることに意味もあるのだろう（『法的人間』）。しかし、今なお、法と政治をめぐる領域では、主権論の存在意義が失われていない以上、**権力の行使を限界づけるために、古代ローマにまでさかのぼるよりも、それとは別の方法を模索する方が良いだろう。**

主権的権力と限界の問題を、歴史的に考えるのであれば、一九世紀から二〇世紀のドイツ公法学を代表するゲオルク・イェリネックがすでに指摘しているように、古代にまでさかのぼるのは妥当ではない（『一般国家学』）。イェリネックが主権論の歴史から導き出した一つの結論とは、**主権的権力が法の上位にあるものと捉えるのは誤解であり、主権的権力といえども、あくまでも法的権力である**ということだった。

政治的に言えば主権論とは、中世後期に、ある権力が自らの支配する領域内外の他の諸権力と競合するなかで、他の諸権力を領域から排除するか、自らのみが権力としての正統性を有することを示すことで、単一の共同体として存立するための理論だった。そしてこの共同体は、「再発見」されたローマ法をはじめとする法によって存立し、また人々の生活が法によって保障される以上、法的な共同体でなければならない。つまり、**至高の価値を標榜する主権国家は、**

矛盾しているように見えるが、法の下にあるのである。この矛盾は、国家の「自己拘束」として解きほぐされる。

こうした権力と主権、法の関係をめぐる観念は、少なくとも二〇世紀初めには日本でも受容され、よく知られているように、明治憲法解釈において天皇機関説として展開された。そして、天皇機関説は天皇主権説との間で、西洋と同様に、主権の所在や主権的権力の限界をめぐる問題をめぐって論争を繰り広げた。論争自体は、天皇機関説が明治憲法解釈として確固とした地位を築くことで終結するが、他方で、これもよく知られているように、思想統制・弾圧が激しくなった一九三五年に、貴族院で美濃部達吉（みのべたつきち）の天皇機関説が「国体」に反すると非難されたのを機に、在郷軍人・国家主義者・右翼からの排撃撲滅運動にさらされ、学説としてではなく、政治的に葬られることになる。

それは、侵略戦争の遂行と全体主義的な体制構築に向けた運動を前に、権力と暴力との境界線が雲散霧消してしまったことを示唆している。そういって良ければ、主権をめぐる言説がではなく、ひとつの堅固な全体社会に対する政治的な渇望が、権力の限界を抹消してしまったのである。

一連の政治的な出来事の脇で、思想界では何が起きていたのか。いくつかの法と権力をめぐる論議を拾い上げるとしよう。

第三節　近代日本と危機

国家は誰のものか？

キケロの「共和国」とは「人民の物」であるという命題は、近代日本における立憲主義体制と無縁ではない。井上毅の統治権論を思い起こしておこう。「シラス」としての統治とは、土地と人民を私有化するような支配とは区別される支配様態を意味していた。この統治の概念は、具体的には、「王土王民（おうどおうみん）」論を否定することを目的としていた。

「王土王民」論とは、例えば、一八六九（明治二）年の版籍奉還（はんせきほうかん）の上表文の一節（「皇統一系万世無窮普天率土其有ニ非サルハナク其臣ニ非サルハナシ」）に見られるように、全国の土地と人民は天皇のものであるというイデオロギーで、近代法秩序が整備されるなかでも、国家による土地収用を説明するのに用いられようとしていた。井上毅は近代的土地所有権と相いれないこのイデオロギーを、前近代的なものとして否定したのだった。

こうして「王土王民」論は否定されたものの、「国家は誰のものか？」という問いは容易には解決されなかった。天皇機関説論争が、この素朴な問いに関係しているのである。天皇主権説は、ルイ一四世に帰せられる定型表現「朕（ちん）は国家なり（L'État, c'est moi）」を、君主制の理念を言い尽くしたものと位置づけていた。穂積八束にせよ、上杉慎吉にせよ、「国家即チ我ナリ」や「天皇即国家」を日本の「国体」を表現した言葉として用いている。

例えば穂積八束は、領土が国家にとって不可欠の要素であることを説明する際に、国家にとって領土は人における身体と同じだと言う(『憲法提要』)。そうすると、領土とは天皇の身体だということになるだろう。人民、あるいは、民族も同じように観念されることになる。穂積や上杉は、しばしば「君民一体」や「君民合一」、「君民和合」などといった表現を用いているが、要するに、それらは人々が文字通り、天皇と一体をなしていることを意味するのである。自己と他者との分化を否定するこうした論理が、理性的な国家観であるとは到底言えないが、こうした言説の背景として、西洋の君主制が君主と国民とを利害対立の関係にあるものとして捉えられていたことが挙げられる。

まさに「天皇即国家」を問題にしたのが天皇機関説であり、例えば美濃部達吉は、統治権の主体が天皇であるとする天皇主権説を、次のように批判している。すなわち、天皇が主体として統治権を行使するということが意味するのは、天皇が天皇自身の利益を図るということであり、国家という団体の共同の利益を目的とはしないということになる、と(『憲法講話』)。つまり、美濃部においては、天皇個人と国民の利益とが区別され、天皇が公益を実現しうるのは、個人として統治権を行使するからではなく、天皇が国家機関であるからだ、ということになる。

とすると、美濃部は少なくとも、国家が天皇のものであるという立場を斥けたことになる。

とはいえ、そのことは国家が人民のものであるという立場にあることを、必ずしも意味しない。その点は『憲法講話』において、美濃部が国家を「有機体」として表現していることにも窺えるが、上杉慎吉との論争において明確に表れている。すなわち、上杉に、天皇機関説とは「天皇即国家」とは反対に、人民こそが国家であると主張するものだと批判されて窮した美濃部は、人民は人体を構成する「細胞」のようなものであり、国家を組織する「分子」である、と言う（「上杉博士の「国体に関する異説」を読む」）。

「有機体」や「細胞」、「分子」といった言葉からただちに、美濃部の国家観念が天皇主権説のそれと大きく異ならないと断ずるのは性急だろう。そこで、明治憲法体制において、「有機体」が何を意味するのか確認することにしよう。

有機体としての国家

「有機体」としての国家観念は、ヨハン・カスパール・ブルンチュリの『一般国法学』（一八五一―五二年）の加藤弘之による翻訳『国法汎論（はんろん）』（一八七六年）において、一九世紀ドイツの国家有機体説が紹介されて以来、日本でも知られていた。それは、諸個人が言語などのコミュニケーションを媒介として、有機的に国家を構成しているという理念にもとづいている。そしてそれは、一方において、国家が社会契約によって成立するという自然権思想への批判を提供し、他方において、とりわけヘーゲルのものがそうであるように、絶対主義の国家理論である国家機械説（歯車としての諸個人によって構成された国家を、君主が操るという理論）への批判をも提供し、国家の意思とは君主個人のそれではなく有機的に連関した諸個人のそれであるという理念として知られる。ただし日本においては、後者については、後に民本主義で知られることになる若き日の吉野作造による研究を待たなければならない。つまり、一八七〇年代後半から八〇年代にかけて、自然権思想に依拠した自由民権運動に対抗することに腐心した政府は、もっぱら前者の意義を強調することになる。

ところで、興味深いのは、この国家有機体説が受容される際に、抽象的な有機体の観念を具体的に描こうとして、有機体が「人体」や「人身」と表現されたことである。これには、主権国家が法上の人格（Person）であると説かれていたことが関係している。つまり、**人格が物理的な身体と混同された**のである。これでは、先に見た、西洋中世の社会有機体説と異ならないことになるだろう。実際、『憲法義解』の第四条（「天皇ハ国ノ元首ニシテ統治権ヲ総攬シ此ノ憲法ノ条規ニ依リ之ヲ行フ」）の註釈では、国家は「人身」に、天皇は「首脳」（明治憲法起草に関わった伊東巳代治による英訳では《brain》、つまり「脳」）とされている。

たしかに、国家が人体であれば、「天皇即国家」とは異なり、天皇だけのものではないが、さらに言えば、頭としての天皇は四肢としての臣民につなぎ留められている、言い換えれば、拘束されていることになる。その意味では、頭だけを切り取って、頭である君主が国家を表象＝代表する近代的主権論よりも、西洋の立憲主義的伝統をうまく受容できるのかもしれない。

しかし、先に見たカントロヴィチの指摘が示唆するように、ことはそう単純ではない。有機体としての国家観念も、「シラス」としての統治権論と考え合わせると、つまり〈理性〉を体現する天皇という観念と考え合わせると、厄介な問題が生じうるのである。すなわち、先に見た「シラス」論に孕まれた問題、神聖ローマ皇帝フリードリヒ二世における〈理性〉の解釈が皇帝の専権事項であるのと同じく、〈理性〉の解釈が天皇の専権事項となりかねないという問題だ。したがって、明治憲法体制が有機体としての国家観念と立憲主義とを両立させるには、「シラス」論が意味するのは、統治権とは職務であると、言い換えれば、国家への奉仕者の権限であると把握されなければならない。さもなければ、〈理性〉は支配に都合の良い道具、ラ・フォンテーヌの言う「最強の者の理屈」になりかねないのである。

さらに言えば、そもそも当時、日本が受容した一九世紀の議会制は、カール・シュミットの指摘によると、ブルジョワ市民層の教養にもとづいた理性的な討議による議会政治を理念としていた。つまり、むしろ議会こそが〈理性〉を体現するか、少なくとも〈理性〉なるステイタスを天皇と分有しなければならなかったのではないか。しかし、実際には、すでに見たように明治憲法第五条は、立法権が天皇大権であって、「帝国議会ノ協賛」を定めているだけであり、さらに『憲法義解』は明治憲法「第三章帝国議会」の冒頭で、「法を議するの権ありて法を定むるの権なし」と念を押している。帝国議会は、有機体としての国家観念において、どのような位置を占めていたのだろうか。

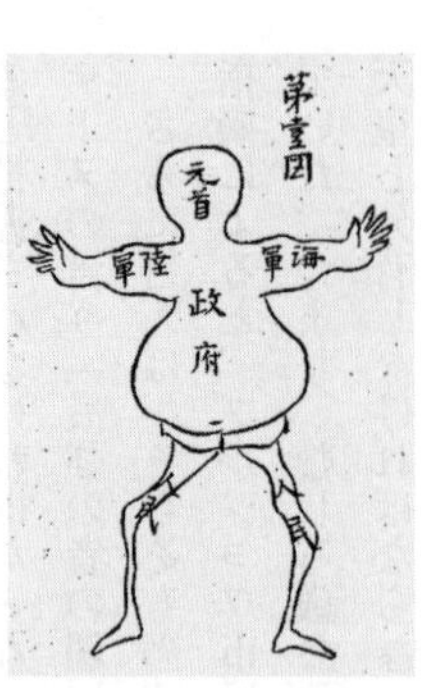

海江田信義『私議考案』より

有機体と帝国議会

明治憲法制定期に描かれた人体としての国家のイメージの一例を挙げておこう。右上の図は、一八九〇年五月に、当時元老院議官だった海江田信義によって刊行された文書に掲載されている。同文書は、約半年後に開設を控えた帝国議会への対策とでも言うべき提言である。同文書で海江田は、国家といえども存在する以上は「形」があるはずだと言い、その「形」が人体として捉えられている。海江田の提言の要点は、天皇がその人体の頭であり、天皇にのみ国家としての意思形成が可能であるという主張にある。そのため海江田は、政府は「政党ノ有無」に関係なく国家経営を行うべきであると、議会も政党も描かれていない図を掲げて、いわゆる超然主義を主張するのである。

超然主義とは、明治憲法発布の翌日、一八八九年二月一二日に総理大臣黒田清隆が府県知事に対して行った演説で示されているように、政府が「超然政党ノ外ニ立チ至正至中ノ道」をとることを意味する（「憲法発布ニ際シテ黒田首相演説」、「牧野伸顕文書」、国立国会図書館憲政資料室所蔵）。また、翌年の一八九〇年二月の地方長官会議では、総理大臣兼内務大臣の山縣有朋はそうした方針を踏まえて、政党が「党派ノ軋轢」にもとづいて運動するため、国力と国民統合を損ねて「国家衰亡」へ導くと批判している（「地方長官集会ノ節内務大臣演説ノ大要」、「松方正義文書」、国立国会図書館憲政資料室所蔵）。いわば、帝国議会は有機体としての国家の単一性を損ねる恐れがあると認識されていたのである。

たしかに、明治憲法の起草者たちが憲法制定会議において、議会の権限を保障する重要性を説くことに尽力したことはよく知られている。しかし、**憲法が発布され議会が開設されたところで、議会が国民を代表し国民の利害を反映するという理念が、言い換えれば、フィクションがただちに定着したことを必ずしも意味しない**。例えば、第二議会後の伊藤博文と井上毅との認識の相違は、そのことを物語っている。すなわち、一八九一年一一月二六日に始まった第二議会では、第一次松方正義内閣と議会が、軍艦製造費などの予算案をめぐって対立し、議会が解散されることになるが、伊藤は内閣を支えるための新党結成を主張したのに対し、井上は政党そのものへの不信感を吐露することになる。

井上の不信感は、単に現実の議会を目の当たりにしたことによるものと言うよりも、一九世紀ドイツにおける議会主義批判や社会王政のイデオロギーにもとづいた原理的な政党批判だった。すなわち、多数決原理にもとづく議会制は必ずしも民衆の意思を反映しえず、むしろ多数者の圧制をもたらす恐れがあり、まして高額納税者のみ選挙権を有する制限選挙制度下では、政党が代表するのは資本家の利害でしかなく、真に国益を実現しうるのは「全能の君主」しかない、と井上は言う(「非議院制内閣論」)。

帝国議会開設当初においては、国民を代表しうるのは天皇か政党かという、代表観念をめぐるフィクションの争いが繰り広げられたのである。その後、政党は、治水事業などの地方政策の実績を積み上げていくことを通じて、いわば地方の私益を国家の公益へ変換する演出技術を身につけ、代表としての地位を築くことになる(前田亮介『全国政治の始動』)。そのため、藩閥政治を内実とする超然主義は維持できなくなり、一八九八年には初の政党内閣である第一次大隈重信内閣が成立し、さらに一九〇〇年には伊藤博文自らが立憲政友会を結成したのは、周知のとおりだ。とはいえ、それによって代表をめぐる論議が終息しはしない。代表観念がフィクションにもとづいている以上、科学的理論とは異なり、私益であれ公益であれ、利益の実現などという物理的な事実がフィクションの正しさを証明することなどなく、代表をめぐる論議はその正しさをめぐって、絶えず再燃することが運命づけられているのである。

例えば、吉野作造の民本主義を思い起こすことにしよう。吉野の民本主義は、日露戦争後の「代表論のゆらぎ」を背景に、それでもなお議会を通じた公的な意思決定を維持するべく提唱された（住友陽文「大衆ナショナリズムとデモクラシー」）。日露戦争では、戦死者・戦病死者が約八万四〇〇〇人、戦傷者が約一四万三〇〇〇人にものぼったとされ、また戦費確保のために非常特別税の名で、地租や所得税などが増徴され、諸種の消費税が設けられた（非常特別税法、明治三七年法律第三号）。当時の民衆に強いられた多大な負担が、民衆に国家の担い手（「国民」）としての自覚を促したのは言うまでもないだろう。

しかも、日露講和条約（ポーツマス条約）では賠償金が断念されたにもかかわらず、一九〇六年一二月三一日に廃止されるはずだった非常特別税法が、戦費確保のための外債の償却のために、廃止規定の削除により恒久化されると（非常特別税法中改正法律、明治三九年法律第七号）、議会に対する民衆の不信感が高まったのは容易に想像できる。「大正デモクラシー」と呼ばれる民衆の運動に理念を提供した吉野は、日露講和条約反対を掲げた一九〇五年の日比谷焼打事件や、一九〇六年に始まる悪税反対運動に、「大正デモクラシー」の幕開けを見た（松尾尊兊『大正デモクラシー』）。いわば**民本主義とは、「非常」時を常態化させた議会の代表としての地位に対する異議申し立てだった。**

福澤諭吉が『学問のすゝめ』第四編において、「日本にはただ政府ありて未だ国民あらずと言うも可なり」」と嘆いたのは一八七四年のことだったが、それからわずか約三〇年後に、日清・日露戦争という「非常」時を経て、人々は「国民」として覚醒したのみならず、政府による「非常」時の継続を弾劾し、さらに議会制の機能不全を告発したのである。第二章において見たように、福澤は「学者」を媒介として政府と国民が協調し、国家という「人体」を健全に育てる道を模索するように説いたが、現実には人々が国民としての自覚を強めれば強めるほど、政府、さらには議会への不信感が高まったのだった。つまり、「非常」時を経ることで、〈近代的な態度のパラドクス〉が日本でも経験される条件が整うことになったのである。

〈近代的な態度のパラドクス〉の行方

では、この〈パラドクス〉はどのように受け止められたのだろうか。まずは、この〈パラドクス〉について確認しておこう。すなわち、公権力と国民とは対立する関係にあることを前提にし、国民は理性の使用と自由な論議によって法秩序の創造を目指す、ただし公権力に服従しなければならない、というものだった。大正デモクラシーの状況をこの図式に当てはめると、政府・議会と国民は対立する関係にあると言って良いだろう。問題は、公権力への服従の要請がどの程度のものであるのか、そして公権力と天皇の関係である。

公権力への服従の要請について言えば、例えば、一九〇六年に、第一次西園寺公望内閣の下で日本社会党の結成が認められたものの、翌一九〇七年の党大会で、幸徳秋水（こうとくしゅうすい）らの暴力革命論をめぐって党内の対立が生じるや否や、結社禁止が命じられたことを踏まえると、そして明治天皇暗殺計画の巻き添えで幸徳秋水らが処刑されたことを踏まえると、暴力革命について論議することさえ服従からの逸脱を意味していたのは間違いない。あるいは、天皇主権説はもちろん、天皇機関説をも神話的国家論として批判し、一切の機関や代表を排除することを主張した北一輝の『国体論及び純正社会主義』が一九〇六年五月九日に出版され、わずか五日後に発禁処分となったことを踏まえると、天皇制を否定することも服従からの逸脱だったのは間違いない。

この点において、民本主義は慎重だった。吉野作造「憲政の本義を説いて其（その）有終の美を済（な）すの途を論ず」（一九一六年）によると、「民本主義」という語が「デモクラシー」の訳語であるとしながらも、「民主主義」とは異なり、「民本主義」は主権の所在（天皇か、国民か、国家か）には拘泥しない。当時、天皇機関説論争の後、天皇機関説が通説の地位にあったことを考慮すると、主権が国家にあると言ったところで弾圧される恐れはなかった。

しかも、吉野の研究生活の出発点にヘーゲルの国家論があったことをも踏まえると、主権は有機体としての国家にあると言っても良さそうなのだが、吉野は違った。吉野が主張したのは、民本主義が君主制と矛盾しないこと（この点は、天皇機関説と同じ立場だと言える）、そして実質的な公権力の担い手である、つまり政府や議会を構成する「少数特権階級」が民衆を指導するとともに、民衆の「友」あるいは「僕（しもべ）」として「民意の代表者」となることだった。それは、第一章で見たカントにおける民意を自らの意志とする君主像や、第二章で見たプロイセンのフリードリヒ二世の言葉「人民の第一の下僕」としての君主像を想起させる。しかし、民本主義においては、民衆の「僕」にして「代表者」となるのは、政府や議会であって、天皇ではない。つまり、**国民と対立する位置にある公権力から天皇を除外した**ことになる。

天皇への言及が為されるのは、本来「少数の賢者」であるはずの「特権階級」がその任を果たしていないと不満を表明する箇所においてである。すなわち、彼らが「皇室の殊寵（しゅちょう）」、つまり天皇からの寵愛と「国家の優遇」を受けながらも、指導者としての任を務めるどころか、むしろ民衆を敵視している、と。

要するに、吉野は民衆と天皇とを対立的に捉えることを周到に回避したのだが、他方で、それは民本主義がブルジョワ自由主義的な議会主義のイデオロギーにもとづいていることを意味している。教養ある社会階層が理性的な討議を通じて、あるべき法秩序の創造へ導くという理念である。それは、カール・シュミットが普通選挙制度の時代にあって時代錯誤のイデオロギーとして批判したものだ。ブルジョワ自由主義の時代錯誤性を吉野が認めたかどうかはともかく、興味深いのは、日本で男性の普通選挙制度（衆議院議員選挙法。大正一四年法律第四七号）が成立した一九二五年の翌一九二六年に、吉野は民本主義を社会主義へと拡張する必要性を認識し、社会民衆党の結成に関わったことである。

吉野が公権力から天皇を除外した一方で、当の公権力は、代表制の動揺あるいは機能不全が告発されるなかで、天皇を動員していた。例えば、戊申詔書はその端緒に位置づけられるだろう。

一九〇八年に、日露戦争後の政権批判と民主化要求の高まりに対処すべく、第二次桂太郎内閣は国民精神教化の一環として、戊申詔書を発布したのである。それによると、日露戦争後の国際関係や政治状況は緊張を強いるものであり、社会階層を問わず心を一つにし（「上下心ヲ一ニシ」）、発展に励むべきであり、天皇自身は国家の発展を通じて「祖宗ノ威徳」を世界に示すことを願っており、「臣民」にはこの天皇の意思を自らの意思とすることが求められる（「朕カ旨ヲ体セヨ」）。つまり、国民精神教化の内実とは、先に見た有機体＝人体としての国家そのものの教説であり、頭としての天皇の意思を四肢としての国民へ浸透させることを図るものだった。

つまり、〈近代的な態度のパラドクス〉の経験は、国民の代表としての議会の地位を揺るがし、有機体としての国家の分裂という危機認識をもたらしたのである。そのため、国家が人体のような有機体でなければならないというイデオロギーの立場から、その分裂を縫合・隠蔽するべく、頭としての天皇の言葉の浸透が図られたのである。そのような意味での国民精神教化をより一層鮮明にしたものとして、臨時教育会議の建議「教育ノ効果ヲ完カラシムヘキ一般施設ニ関スル建議」(一九一九年一月一七日)を挙げることができる。

「淳風美俗」、あるいは〈パラドクス〉の隠蔽

臨時教育会議は、一九一七年九月二〇日に、高等教育と実業教育の充実を中心とした教育制度の改革を図るために、寺内正毅内閣の下で総理大臣の諮問機関として設置された。その答申にもとづいて、大学や高等学校の増設が行われたことはよく知られている。ところで、同会議は当時の大学で社会主義・共産主義思想が広まりつつあったことを問題にし、後の思想統制につながる建議を行っている。言うまでもなく、その背景にはロシア革命があった。その危機感にもとづいて提起されたのが、「兵式教練振作ニ関スル建議」と「教育ノ効果ヲ完カラシムヘキ一般施設ニ関スル建議」である。ここでは、そのうち後者について確認しておこう。

「教育ノ効果ヲ完カラシムヘキ一般施設ニ関スル建議」の狙いは、その草案のタイトルから読み取ることができる。すなわち、「人心ノ帰向統一ニ関スル建議案」である。要するに、人々の思想や信条を統一するのがその狙いである。いったい、そのようなことがどうすれば可能だというのだろうか。

建議が主張したのが、「国体ノ本義ヲ明徴」にし、「我国固有ノ淳風美俗ヲ維持シ法律制度ノ之ニ副（ソ）ハサルモノヲ改正スル」ことだった。とりわけ、目標とされたのは、先にも触れたように、家族制度の引き締めだった。なぜ、家族制度なのか。それは、天皇を父とし、国民をその「赤子」とする、いわゆる家族国家観にもとづいているからでもあるが、のみならず家族、正確に言えば、「家」のイメージにもとづいている。すなわち、国家は家がそうであるように、「相和シ」、「一団敦厚（トンコウ）ノ美俗」をなしている、というのである。あるいは「皇室ト臣民トノ関係ハ自然ノ結合」からなっている、とも言う。人々が皇室とともに一体化したこのイメージを、同建議は「国体」と呼び、このイメージを強固にするために、記紀神話に描かれた神々と祖先の崇拝を促すように提言し、国民であれば、その信じる宗教を問わず、この崇拝を受けいれなければならないので、明治憲法で保障された信教の自由を決して侵害するものではないとまで言う。

この建議が当時、そのまま実現されたのではないが（実際、建議にもとづいて設置された臨時法制審議会は、建議の思惑通りには家族制度を改めなかった）、美濃部達吉が政治的に葬られた一九三五年の天皇機関説事件の後、軍部と右翼の圧力により岡田啓介内閣が発表を強いられた「国体明徴声明」は、まさにこの国体観念にもとづいていたことは銘記しておいて良いだろう。

天皇と国民とが一体化した国家観念は、単に国内に向けられた政府によるイデオロギー教育にとどまらなかった。脇道にそれることになるが、その点を確認しておこう。すなわち、第一次世界大戦後のパリ講和会議で全権委員を務めた牧野伸顕の未発表に終わった演説草稿である。牧野のパリ講和会議での演説と言えば、例えば、第二〇〇回国会での安倍首相の所信表明演説(二〇一九年一〇月四日)で、牧野が当時の人種差別問題への解決策として「人種平等」を掲げたことが称えられている。

だが、実際には、当時の原敬内閣は国際協調主義をとることについては方針が定まっていたものの、具体策を欠いていた。そこで「人種的偏見」の「除去」を掲げることで、イギリス・アメリカ・フランス・イタリアといった他の戦勝国に対して自国の利益を確保しようとしたのであり、それは苦肉の外交戦術だった(「講和ニ関スル日本政府ノ方針決定ニ付訓令ノ件」一九一八年一二月二六日、外務省編『日本外交文書　大正七年第三冊』外務省、一九六九年)。それと同様に、国際連盟とともにパリ講和会議で設立が決められた国際労働機関についても、原内閣はやはり準備不足が否めず、苦肉の防御策が講じられた。

原内閣は、ヨーロッパの戦勝国が労働者の戦争への貢献に報いるために、国際的な労働法制を整備し労働者に譲歩するために、国際労働機関を設立すると認識していた。そのため、当初、原内閣は日本固有の「国土風俗及工業状態」を理由に反対する予定だった(「帝国全権委員報告ノ二　帝国ニ重大関係アル講和会議主要問題ノ経過報告」(年月日不明)、「牧野伸顕関係文書」、国立国会図書館憲政資料室所蔵)。しかし、経済発展のために国際協調を優先すべきだとする東京商業会議所など七都市の商業会議所の意向もあり(「平和会議ニ於テ我国ノ主張スヘキ経済上ノ条件ニ関スル建議」(一九一九年一月八日)、「牧野伸顕関係文書」)、結局、労働法制に関する条約締結を拒否するのではなく、日本の要求を盛り込むべく、消極的ながら国際労働機関設立に関わることになった。

ちなみに、この当時、労働法制整備の一環で、工場法(明治四四年法律第四六号)がすでに制定されていたものの、施行が五年後の一九一六年まで引き延ばされ、さらに内容も必ずしも労働者保護の観点から十分なものではなかった。また、労働組合育成を目的とした団体友愛会が結成されたのは、一九一二年であり、その友愛会が大日本労働総同盟友愛会と改称したのが一九一九年だった。

そのようななか、賃金増額要求を中心とした労働争議が、一九一八年には四一七件に昇り、翌一九一九年には大正期では最も多い四九七件に昇っていた(朝日新聞社編『日本経済統計総観』朝日新聞社、一九三〇年)。先に見た、臨時教育会議の建議はこのような状勢も背景としていた。つまり、労働者保護や労働環境の改善は、ヨーロッパ固有の問題ではなく、日本の問題でもあったのである。

にもかかわらず、原内閣は労働法制に関する条約履行の猶予期間を盛り込むよう要求するなど、産業主義の新興国に対する配慮を求めた。問題は、その理由づけである。牧野の未発表の演説(一九一九年四月一一日のパリ講和会議総会で予定されていた)は、次のように言う。すなわち、日本が産業主義国家としては新興国であることを強調したうえで、日本では資本家層と労働者層との間に協調しようという意欲があり、それぞれの指導者が調和と相互理解にもとづいて社会問題を解決しようと努力している、と(«The Speech of Baron Makino at the Plenary Session of Peace Conference»、「牧野伸顕関係文書」)。しかし、現実にはこの年、労働争議は大正期最多に昇っており、そのため当時、事前に演説原稿が配られていた日本の新聞社によって辛辣に批判された。

これが「淳風美俗」のイデオロギーにもとづいているのは言うまでもないだろう。ちょうど民法典論争において、延期派が旧民法典の施行が「忠孝」を否定することになると主張したのと同じように、牧野の演説原稿は、労働法制が労使間の「調和と相互理解」という「淳風美俗」を否定するという論理にもとづいているのである。これでは、**労働者が自らの権利保障を求めて法秩序の刷新の声をあげたところで、その声は「淳風美俗」のイデオロギーによってかき消されることになるだろう**。つまり、〈近代的な態度のパラドクス〉はこうして隠蔽されるのである。

公権力と国民の、あるいは資本家と労働者の対立を否定し、争いのない「家」のように和合する国家などというイメージが、「イメージ」という語の語義である〈聖像〉を思い起こさせるというよりも、〈偶像〉と呼ばれるのがふさわしいものであるのは言うまでもない。

この〈偶像〉を問題として取り上げた人物として、民法学者であり、労働法学の創設に尽力した末弘厳太郎（すえひろいずたろう）を挙げることができる。末弘は「淳風美俗」と形容された明治維新以来のパターナリズムが「画一主義」をもたらし、それが「より合理的な世界」を創造しようとする国民の自由を阻害している、と批判する（「改造問題と明治時代の省察」一九二二年）。その一例として末弘が挙げるのが、労働法制の整備に対する政府による「妨害」であり、それが自由主義に反すると批判する。それに対して末弘が主張したのは自由主義の貫徹であり、普通選挙法制定後に刊行された『労働法研究』（一九二六年）では、彼は議会主義に期待を寄せている。

末弘の主張は、おそらく当時においては正攻法だったのかもしれないが、今日から見れば、時勢を捉え損ねていた。というのも、**パターナリズムを克服するには議会主義では不十分だからだ**。例えば、先に見たジョルジュ・ソレル『暴力論』がそのことを示唆している。すなわち、資本主義社会をひとつの大家族と見立て、家族的な連帯が議会による立法を通じて労働者の権利を保障するというイデオロギーには、利害対立の存在を否定する効果が孕まれており、むしろ家族としての「愛国的義務」が強制されることになる、と。

実際、一九三〇年代の日本では、社会主義者がまさに「愛国的義務」を果たすために国家主義者に転向している。いわゆる転向の問題は、政府による社会主義・共産主義に対する弾圧抜きに語れないのは言うまでもないが、他方で、満州事変以後の西洋諸国との緊張関係は、「淳風美俗」を想わせるような社会的正義の観念を語らしめたのである。

例えば、吉野作造が設立に関わった社会民衆党の党員であり、労働運動家から帝国議会議員となった小池四郎は、満州事変を機に国家主義者に転じ、国際労働機関からの脱退を主張した。その際に、彼は排外主義的な「社会正義」論を展開したのだった(小池四郎『国際労働機関を脱退すべし』一九三三年)。

これでは議会に期待するのは困難だろう。一方、ソレルは先に見たように、ブルジョワ自由主義的な議会主義からの脱却と、労働者によるゼネストを通じた新たな法秩序の創造を主張していた。それに大衆民主主義の時代の政治的原動力を見たのが、カール・シュミットだった。普通選挙法以後の時代にあって、皮肉にも議会が機能不全に陥っていると見なし、にもかかわらず社会主義や共産主義に傾倒するのでもなく、また「淳風美俗」などという政治的な〈偶像〉に甘んじるのでもなく、あくまでも法学的に国家という制度の準拠を模索するならば、シュミットの主権論に触発されることは不思議なことではないだろう。

憲法学者の黒田覚は、シュミットに触発されながらも、議会主義の終焉宣告を回避しようとした(「議会主義の社会的限界」一九三三年)。その刊行年に注目しておいても良いだろう。それは先に見た労働運動家が排外主義的な「社会正義」を掲げた年であり、何よりも、五・一五事件によって犬養毅首相が暗殺され、政党内閣が瓦解した翌年である。黒田によると、議会主義の前提する社会的＝経済的同質性は「革命的市民層の空想」にすぎず、普通選挙制度の実現はその克服しえない異質性、つまり社会格差と利害対立を議会において上演することになった。とはいえ、黒田はそこからただちにシュミットのように議会主義を断念するのではなく、「民族的同質性」による議会主義の補完を図る。

　では、法的な観点から見た「民族的同質性」とは何か。ここでも黒田はシュミットの主権論を参照する。すなわち、憲法制定権力としての主権者の観念である。黒田によると、立法権と行政権との権力分立にもとづく議会主義にもかかわらず、国家が単一のものとして把握されうるのは、分立する国家の諸機関を憲法によって創設した憲法制定権力が単一であるからだった(「憲法制定権力論」一九三八年)。そして、その憲法制定権力を定めているのが明治憲法第一条だ、と黒田は言う。第二章で見た、統治権が天皇に属するという規定だ。それでは、天皇が決断者だというのだろうか。この点について、黒田はシュミットの主権者の観念が実存主義的であることを批判し、やはり第二章で見た、統治権が憲法の諸規定に従って行使されることを定めた明治憲法第四条を引き合いに出し、主権者としての天皇は決断者ではないと言う。

要するに黒田は、明治憲法体制の法秩序としての正統性を保証する者として天皇を要請している。とはいえ、「民族的同質性」の観念に訴えかけることで、はたして議会主義は健全に維持されるのだろうか。むしろ、強権的な同質化をもたらすのではないか。ここで、『憲法義解』の第四条の註釈が、天皇を頭とする身体としての国家を描いていたことを想起しておいて良いだろう。そして、天皇と国民とが一体化した「淳風美俗」を掲げた国体論が、一九三五年に二度にわたる「国体明徴声明」によって政府のお墨付きを得たことも忘れてはならない。黒田の憲法制定権力論としての統治権論は、シュミットの主権論を換骨奪胎したものと言うよりも、骨抜きにしたものとも言えるが、決断主義とは異なる形で、あえて言えば、議会主義や立憲主義への脅威となりえたのである。

その点は、当時においてすでに指摘されていた。すなわち、佐々木惣一による批判である。ここでは要点だけを示しておこう（拙著『主権論史』参照）。佐々木によると、黒田の憲法制定権力としての統治権には権力の肥大化が見られる（『我が国憲法の独自性』）。というのも、**憲法制定権力論はその名前が示すように、革命のような実力行使による法秩序の改変の際に、新たに創造された法秩序の正統性を呈示するための理論である**からだ。言い換えれば、盗賊の行為を政府のそれへと変換するための演出である。

問題となっているものを整理しよう。黒田の統治権論は、社会格差によって議会主義が機能不全に陥り、議会が国民の代表としての役割を果たしえないという同時代の状況分析にもとづいており、そこで天皇の統治権の国民統合機能に期待し、議会の解体を回避する方法だった。しかし、佐々木の批判から浮き彫りになるのは、皮肉にも、黒田の統治権論は五・一五事件以後の政治状況が革命的なものであるという認識を裏書きすることになっており、それでもなお「非常事態」に訴えることなく議会主義を維持しようとするものの、それはもはや議会における自由な論議を許さない強権的な同質化を容認せざるを得なくなるのである。「民族的同質性」に依拠すれば、「淳風美俗」の国体論に回収されることになり、議会主義の〈近代的な態度のパラドクス〉は否定され、自由な論議など保障されるはずがない。

一方、佐々木は「シラス」としての統治権の意義を強調し、その行使が実力行使とは区別される理性の実現であることを主張する。それを「万世一系」の職務である、と佐々木は言う。つまり、革命など歴史上経験しなかった天皇制固有の職務だ、と。これが第二章第三節で触れた、「シラス」の立憲主義的解釈である。もちろん、今日からすれば、「万世一系」の虚構性を指摘することもできるが、佐々木の統治権論は、「万世一系」を掲げた明治憲法の解釈であり、それはまさしく憲法学者としての職務である。明治憲法体制下の憲法学者が「万世一系」を否定すれば、公権力を担う者が公権力を拘束する憲法の改正を扇動するのと同じく、その職にある者としての適性を問われなければならないだろう。

さらに言えば、この「万世一系」の問題は、敗戦後の憲法改正において重要な意味をもつことになる。国民主権を定めた日本国憲法の制定は、明治憲法の改正を意味しているのか、新たな憲法の制定を意味するのか。言い換えれば、現行憲法の制定は、革命を意味するのか否か。事実、現行憲法制定過程で、この問題は論議された。いまだに問題含みのこの論議から、次のような教訓を引き出すことができる。

すなわち、**革命であるか否かを問うことは、憲法制定権力論の再活性化をもたらし、決断主義の枠組みに陥ることを意味する**、ということである。その枠組みは、一方で、「誰が決めたのか、次は私が決めよう」などという物騒にして不毛な論議への展開をもたらし、もう一方で、「物騒な支配者などうんざりだ」などという支配者なき秩序の夢想をもたらすことだろう。この袋小路を回避する手がかりは、終章で探ることにしよう。

重要なのは、国家が人間の人間としての生を保障する歴史的制度である限り、この制度が何によって存立しうるのかを問うことだ。とりわけ、さまざまなイデオロギーがこの制度の正統性のフィクションとして消尽された現代においては、それは困難な作業だろう。しかし、手がかりはある。それは歴史に立ち戻ることだ。歴史的な現実が示しているのは、立法する主権者は決して主権=至高などではなく、意のままに論議したところで、意のままの法など作られないという事実、主権者とは規範の下にある職務の一つの肩書にすぎないという事実である。

終章　〈無〉の主権論へ

――イデオロギーの消尽の後に

第７図

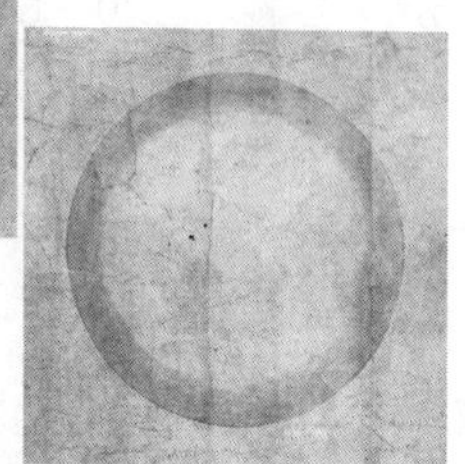
第８図

第９図

「十牛図」(相国寺所蔵)より

「主権者教育」という倒錯――憲法改正論議の傍らで

法をめぐる近代の経験から得られる知見とは、意のままに法を創る主権者のイメージは、ときに法の正統性をめぐる混迷をもたらすということである。その混迷は、権力と暴力を分かつものをめぐる問い、つまり政府と盗賊とを分かつ問いに窺えるように、歴史上繰り返されてきた問題ではある。しかし、人が自らの発する言葉によって自らを律するという自律の理念を理想として掲げた近代という時代は、とりわけこの問題に苛まれることになった。この問題に直面して肝に銘じておかなければならないのは、〈神の似姿〉とも形容された主権者は、決して全能者そのものではないということだ。つまり、何を意志しようとも、主権者が意志したことは人間的生を必ず保障する、などということは決してないということだ。その意味において、主権者は何ものかによって拘束されているのであり、その何ものかを、あえて言えば、主権者とは区別される主権＝至高性と呼ぶことができる。

　近代の混迷は、今や主権論の歴史的由来と意義とを忘却させている。それがいかにアクチュアルなものか、あるいはいかに深刻なものかは、昨今の日本における政治状況に見出すことができるだろう。そこでは、**権力の主体と客体とがすり替えられてしまって、もはや権力と暴力**

とを分かつものへの問いすら不可能になってしまっている。その状況を確認しておこう。

日本国憲法では第九六条で憲法改正手続きについて定めているが、主権者としての国民の承認を得るための国民投票に関する法律が存在しなかった。そこで二〇〇七年五月に制定されたのが、「日本国憲法の改正手続に関する法律」(国民投票法。平成一九年法律第五一号)である。同法律では、投票権者が一八歳以上とされた。当時、国政選挙の有権者は二〇歳以上だったため、同法律は附則において国政選挙の有権者年齢の引き下げ措置を課題として定めた。そこで、二〇一五年六月に公職選挙法が改正され(平成二七年法律第四三号)、選挙権年齢が二〇歳から一八歳に引き下げられた。これらを機に、政府は高校などで「主権者教育」なるものを推進するように求めた。国民投票や選挙は民主主義の根幹をなすものであるために、投票権者には主権者としての自覚が求められるというのである。

一見すると、この政策は、投票権者としての適切な知識と判断力を育成し、それらにもとづく積極的な政治参加を促す理念に支えられているかのように見える。しかし、実際には、その理念の背後にあるのは、主権者という言葉を遮蔽幕として用いることで、一方で、本来権力の客体であるはずの投票権者を、権力の主体にすり替え、他方で、真の権力の所在を見えなくするトリックだ。それは、あえて言えば、主権者概念の非‐主権論的な使用をもたらすことになる。

例えば、二〇一五年一〇月の文部科学省初等中等教育局長通知「高等学校における政治的教養の教育と高等学校等の生徒による政治的活動等について」は、「主権者教育」に際して、「政治的中立性」の確保を求めている。いったい、**「政治的中立性」とは何だろう。**

そもそも主権論には中立性概念など要請されない。一神教の神の至高性・絶対性に由来する主権概念に支えられた法秩序とは、至高にして絶対的なるものへの信を前提にしており、価値中立性とは無縁であるからだ。さらに言えば、この〈神の代理人〉ともかつて形容された至高の存在者を、いったい、どんな教育が、そして誰が教育できるというのだろうか。歴史的観点からすれば、「主権者教育」とは倒錯に他ならないのである。本来なら、それは「国民教育」か、より的確に言うなら「臣民教育」とでも呼ぶべきものだった。

文部科学省の主権者教育推進会議は、異なる意見・対立する意見の整理やディスカッションの重要性を指摘している(「今後の主権者教育の推進に向けて(最終報告)」二〇二一年三月)。そこで想定されているのは、さまざまな立場から意見を闘わせる弁論術の訓練なのだろう。しかし、第三章第二節で見たように、キケロにまでさかのぼることのできる法廷弁論術は、「代表」を演じる人格＝役柄としての技術であり、人民を代表する官職者を拘束するための仕組みを支えるものだった。その意味において、弁論術の教育は、代表される者ではなく、代表する者、つまり選挙で選ばれる官職者＝議員にこそ要求されるはずだ。さらに言えば、近代主権論においては、ボダンやホッブズの主権論がそうであるように、代表する者とは主権者であって、この主権者は代表される者に拘束されないと定義された。主権者は中立性どころか、何ものにも拘束されない、と。

イデオロギー対立の終焉が広く認識されて久しいが、今、なぜ、「政治的中立性」なのだろう。イデオロギーが消尽した時代の中立性とは、何だろう。改定された教育基本法の第一四条において、学校で「特定の政党」への支持や反対のための政治教育や政治的活動が禁じられていることを踏まえると、中立的な教育とは、どんな政党への支持も反対もしない教育を指すことになる。しかしそうすると、教育は政党間の争いが演出される選挙とはかけ離れ、皮肉にも、選挙への無関心を助長するのではないだろうか。それどころか、投票権者を疎外するような、より深刻な事態を招きかねない。

「政治的中立性」が支持も反対もしないことを意味するならば、それにもとづく「主権者教育」は人々に、法の正統性を支える主権者という職務の観念ではなく、どんなことでも受容する（忍従する、あるいは隷従する？）ことを要求しているのではないか。政治家のみならずマスメディアもまた、政治に「決める」ことを要求していることを踏まえると、**投票権者はもはや「決める」役柄＝主権者などではなく、「決められた」ことを何であれ受容することが求められているのである。**それは、誰もが同じことを欲するのを理想とする全体主義的なユートピアでなくて何だろう。

これを新たな「淳風美俗」イデオロギーと呼びたくなるが、おそらくそれよりも厄介だ。たしかに、多くの思想家が指摘してきたように、民主主義は一定程度の同質性を必要としているが、その同質性は自由な論議を可能にする条件と見なされてきたのであって——それが〈近代的な態度のパラドクス〉だった——、自由な論議を封殺するためではない。近代日本の場合、その同質性は「家」としての民族という観念や、〈父〉としての天皇・政治家・資本家などの形象によって演出されてきたが、戦争によって非常事態の認識が流布するまでは、まだそこには臣民・有権者・労働者として異議を申し立てる余地を残していた。

中立性に名を借りた忍従・隷従の強制は、ちょうど第二次世界大戦期の非常事態の認識がそうさせたように、短期的には経営的効率性に資することはあっても、長期的には政治的頽廃をもたらし、制度という人間的な生の基盤を瓦解させることになるだろう。そこでは、人はもはや人ではなく、〈人材〉や〈人的資源〉という名のモノでしかない。

序章で触れたように、第二次世界大戦後の世界は、主権国家間の破滅的な戦争からの脱却を目指しつつも、人間的生の制度の基盤への問いを宙づりにし、国家という法的構築物を民営化＝私営化によって切り崩してきたために公的領域は私的領域に分断され、私的領域では経営的効率性の観点から非常事態が常態化することになったのである。このような主権論が失墜した時代にあって、主権者概念が非‐主権論的に乱用されたところで不思議ではない。
しかし、だからこそ、主権について問う必要がある。

憲法改正か、革命か？

主権と主権者という言葉をめぐる問題を検討するために、明治憲法改正／現行憲法制定の一コマを見ておこう。

明治憲法の改正は、敗戦後の一九四五年九月中頃には政府や憲法学者によって検討されていた。当時の政府や憲法学者の方針はおおむね、天皇の統治権を温存しつつ（「国体護持」）、ポツダム宣言第九項（武装解除に関する規定）との関連で軍や戦争に関わる規定を削除し、また天皇大権（第六条の法律の裁可から第一六条の恩赦、そして第七三条の憲法改正の権限）を縮小し、帝国議会が関与する範囲を拡張するというものだった。大幅な改正を要しないという認識が共有されていたのは、大正デモクラシーの経験から明治憲法は民主主義を否定していないと考えられていたからだった。

とはいえ、すでに見たように、大正デモクラシーが帝国議会の「代表」としての地位に疑義を突きつけていたのは事実であり、そのため国家としての一体性を演出するために、政府は「危機」のたびに統治権へ回帰したのだった。しかも、「淳風美俗」の「国体明徴」という名の思想統制が統治権解釈の暴走の所産だとすると、その認識に危うさがあることは否定できない。しかし、敗戦後の政治的混乱による危機意識は、国家の分裂を統治権によって縫合することで乗り越えることを要請したのだった。一九四五年一〇月四日に、東久邇宮稔彦内閣の無任所大臣だった近衛文麿と、連合国軍最高司令官のダグラス・マッカーサーとの間で行われた会談で、マッカーサーは憲法改正や婦人参政権の保障、労働者の権利保障などを要求したが、当時の政府は憲法改正方針の変更を要するとは考えなかった。

ところで、このとき、民主化と社会格差の是正は、単に敗戦国日本に対して要求されていたのではなく、世界の、少なくとも先進国の課題だった。というのも、大西洋憲章(一九四一年八月一四日。第二次世界大戦後の基本原則として発表されたフランクリン・ルーズベルトとウィンストン・チャーチルによる共同宣言)や「国際労働機関の目的に関する宣言」(「フィラデルフィア宣言」。一九四四年五月一〇日)などに見られるように、恒久的な平和のためには民主化と社会格差の是正が不可欠であると認識されていたからだ。それは第一次世界大戦後に国際労働機関が設立されたのと、同じ事情によると言える。

日本の場合、一九三〇年代に「淳風美俗」の名のもと、労働者の権利保障という課題が政治舞台の後景に退いていったこと、そして排外主義の流布のために国際労働機関からも脱退していたこと(一九三八年)を思い起こすと、労働法制の整備のみならず、「淳風美俗」イデオロギーを可能にした条件から見直すべきだった。

このような状況で、一九四五年一〇月一一日に、内大臣府のもとで近衛文麿と佐々木惣一が憲法改正作業に着手し(翌月に内大臣廃止により頓挫)、一〇月二五日には幣原喜重郎(しではらきじゅうろう)内閣のもとに憲法問題調査委員会が設置された。後者は、翌年二月八日に「憲法改正要綱」をGHQに提出したが、GHQはこの改正案を不十分として拒否し、二月一三日に「マッカーサー草案」を日本政府に手交し、それにもとづいて政府は三月六日に「憲法改正草案要綱」を発表した。ここでは、同要綱の詳細には立ち入らず、ただ主権と主権者に関わる問題を見ることにしよう。

「マッカーサー草案」の前文や第一条で用いられていた《sovereignty》や《sovereign》という語は、手交直後の外務省訳では「人民(people)」に「主権」があることを意味する語とされていたが、「憲法改正草案要綱」では「人民」は「国民」に改められ、さらに「主権」という語は周到に避けられ、「国民」の意思が「至高」であると表現されている。

この点について、憲法問題調査委員会の委員の一人だった憲法学者の宮沢俊義は、幣原喜重郎の提案により、委員長の松本烝治(じょうじ)が「苦心」のうえ「主権」ではなく「至高」を訳語として採用した、と後に回想している(入江俊郎『憲法成立の経緯と憲法上の諸問題』)。というのも、戦時期に「国体」に「夢中になっていた」人々に、「国民主権」を掲げた草案を呈示することは、「途方もないショックを与える」ことになると予想されたからだった。しかし、GHQは国民主権を憲法で明確に定めることを要求し、結局、帝国議会での審議を経て、「至高」は「主権」に改められた。

当時の政府が危惧した「途方もないショック」とは何か。要するに、主権的権力が国民にあると規定することで想定された「ショック」である。なぜ、主権的権力が国民にあると規定することが「ショック」を与えうるのか。

帝国議会での草案審議を前にして、一九四六年四月に作成された「想定問答」集に見られるように、当時の政府にとって主権的権力とは憲法制定権力を意味するからだった(拙著『主権論史』参照)。政府が依拠していたのは、言うまでもなく、カール・シュミットの主権論である。つまり、明治憲法第七三条に定められているように、明治憲法の改正は天皇の勅命によってのみ帝国議会で審議されうるのに対して、改正草案において国民主権を定めると、国民の発議によって改正の審議がなされることを意味し、もはや憲法改正は改正ではなく革命を意味することになる、というのである。この点を明確に指摘したのが、宮沢俊義の「八月革命」説だった。すなわち、ポツダム宣言を受諾した時点(一九四五年八月一四日)で、国民主権を採用することが決定づけられていたのであり、実はそのとき「革命」が起きていたのだ、と。

「誰が決めるのか?」という問いこそが主権論の核心であるというのが、宮沢や当時の政府の認識だった。しかし、ここで見てきたように、主権論は決断主義に収斂するものではなく、言い換えれば、主権者論と同一視できるものではなく、法の法としての正統性を保証する理念であり、世界観だった。それを当時指摘したのが、法哲学者の尾高朝雄である。尾高は、カール・シュミットの憲法制定権力としての主権概念を、法を自分の思うままに作る実力、「きわめて専制的な父親」だと形容する（『国民主権と天皇制』）。そして、そのような主権論は、「今日の憲法を十年後には無惨に引き破つて、紙屑籠（かみくずかご）の中に棄ててしまうこともできる」とも言う。まさに現代の憲法改正論議の危うさを考えさせる指摘だろう。

これに対して尾高は、権力には「法の理念」が先行しなければならないと言う。この「法の理念」を尾高は、古代ギリシアの詩人ピンダロスの「バシレウス（支配者）たるノモス」という言葉から、人間どころか神々の上にも君臨する「ノモス」と名づける。「ノモス」こそが主権なのであって、「ノモス」は法を作る者に「不断に正しい法を作るための努力をつづける義務」を課す、と。それは、**全能者としての主権者ではなく、職務としての主権者という古典的な観念を踏襲したものだと言える。**

とはいえ、ここに問題が生じる。「正しい法」の「正しさ」は、何が保証するのか。尾高によると、それは「平等の福祉」なのだが、それはアリストテレスの「エウダイモニア」――「幸福」とも訳されるが、もともとはダイモーン（霊的なもの）の加護に恵まれていることを意味する――を踏まえており、それを尾高は、「理性」に適った生活を通じて人間性を完成させることだと言う。では、「理性」とは何か。ここで、統治権、正確に言えば、「シラス」に尾高は回帰する。すなわち、「正しい政治」が常に行われるとは限らないのが現実であるとすると、「現実を超越する法の理念」を「何らかの形で「象徴」させる」必要がある、と。その「象徴」が天皇を指すのは言うまでもないだろう。

法が法であるために

憲法を「紙屑籠に棄てて」しまわないためには、統治権ではなく、新たに「象徴」として形象化された「シラス」が不可欠なのだろうか。例えば、主権論の核心を「誰が決めるか?」という問いに見た宮沢にとって、尾高の「ノモス主権」論は、天皇の統治権を定めた明治憲法と国民主権を定めた日本国憲法との断絶(「傷」)を取り繕うもの(「ホウタイ」)であって、理論的に解決すべき問題を「たぶんに感情的・前理論的に扱いすぎたきらいがある」ように映じた(『憲法の原理』)。たしかに、表層的には、天皇が法の理念を「象徴」するという「ノモス主権」論は、理性を天皇が体現する「シラス」を想起させる点で、革命的な出来事を革命とは見せない取り繕いとも思われる。しかし、実際には、そこには国家の単一性と永続性を、いかにして表象するかという問題がある。

ここで、第三章第一節で見たシュミットの「代表」の観念を思い出そう。「代表」とは、目に見えない存在を、現に公然と存在するものによって可視化し、現前させるものだった。そして、目に見えない存在とは、「政治的統一体」だった。尾高の言う「象徴」は、この「代表」に相当するものであって、西洋固有の代表＝表象(Repräsentation)という語を、どのように消化するかという問題(「代表」?「象徴」?「体現」?)をめぐる、戦前以来の尾高ら法学者たちの研究の蓄積が背景にある(石川健治「象徴・代表・機関」)。

「象徴(symbol)」という語を憲法改正作業に持ち込んだのは、マッカーサー草案であり、それは直接的にはイギリス国王の王位＝王冠(Crown)がイギリス連邦構成国の自由な結合の「象徴」であることを規定したウェストミンスター憲章(一九三一年)から採り入れられたものであるが、戦前の日本人による英語での天皇制に関する言説を踏まえている(加藤哲郎『象徴天皇制の起源』)。

一見すると、偶然にも尾高らが取り組んでいた言葉の問題に、マッカーサー草案の提案が重なったようにも思われるが、それは決して偶然ではない。そのことは、「象徴」という語を持ち込んだ当時のアメリカ国務省の文書から窺える。すなわち、「天皇が死去したとしても、天皇が象徴しているものはなくならないであろう」(マックス・ビショップ「ビショップ極東課員の覚書」)。その言葉は、人間として死すべき身体と法秩序を象徴する不死の身体としての「王の二つの身体」を想起させるように、「象徴」は、可視化・現前化された法秩序の単一性と永続性の問題の重要な要素なのである。

とはいえ問題は、依然として残る。天皇がシュミットの言うような「代表」であるとすると、議会制の「危機」のたびに喚起された「淳風美俗」に回帰することになるのではないか。そもそも法の理念を象徴させる必要があるのだろうか。この問題の手がかりを、尾高自身の言葉に求めてみよう。すなわち、尾高の言う法の理念の象徴とは、哲学者の言う「絶対無の象徴」である、という言葉だ(『国民主権と天皇制』)。

尾高の言う「哲学者」とは、田辺元(はじめ)である。〈絶対無〉とは、哲学のいわゆる「京都学派」が練り上げた概念であり、「有即無、無即有」などの仏教的観念を哲学的に表現したものである。例えば、その提唱者である西田幾多郎は、〈絶対無〉を「絶対他者」や「絶対的一者」、「絶対唯一者」などとも呼んでいるように、西田の国家論においては主権を意味している(拙著『西田幾多郎と国家への問い』参照)。すなわち、**多なる個人が一なる制度体としての国家において生きるということは、個人にとって絶対的に他者であるような何ものか、そして絶対的に一である何ものかによって、制度的な人間としての地位、すなわち法(権利)主体としての地位が保障されていることを意味している。**そうでなければ、個人は同一の制度体を構成することもなければ、同一の制度体の法(権利)主体でもありえない。西田がこの哲学化された仏教的観念を国家論に用いたのは、ジャン・ボダンの主権論に触発されたためだった(西田幾多郎「国家理由の問題」)。

　ボダンの主権論が実定法に縛られない、そして人民の権威を認めない立法者としての主権者を主張したのに対して、西田は制度が歴史の所産であり、また制度の正統性という理由(reason)を問う営み、言い換えれば、理性(reason)の営みの所産でもあることから、国家の主権的権力は歴史と理性に拘束されると言う。そして、さもなければ、法は法ではなく、「暴君の恣意か一党派の私利」にすぎない、と(「国家理由の問題」)。

　しかも、重要なのは、西田において立法者としての主権者の職務は、権力に課されたものではなく、制度によって地位が保障された諸個人に課された使命であることだ。その使命を西田は、「我々の自己に対する世界自身の命令」や「作られたものから作るものへの歴史的必然に従う」ことと表現する。そして、この使命を課しているのが、主権者とは区別される主権としての〈絶対無〉である。

　〈絶対無〉として表象される主権とは何か。何者でもない〈無〉だ。主権に関する言説は、歴史的に見れば、それが一神教的な神の至高性に由来し、そしてまずはその神に教皇が、君主が、自然(自然法の「自然」だ)が、あるいは人民、国民が取って代わってきたように、主権の場所を埋めるようにして、さまざまなフィクション(擬制)が主権の場所を〈有〉なるものとして演出してきた。それらが消費され尽くした歴史の末端にあって、**結局、主権の場所が空虚だったと、**

つまり〈無〉だったと発見したのである。しかし、主権に関する言説が法の法としての正統性を説いてきたように、**その空虚な場所なくして法は法ではありえなかった**。権力と暴力、政府と盗賊とを区別しえなくなるのである。その区別を可能にしてきたのが、空虚な場所を充塡する演出なのだ。つまり、たとえ〈無〉であっても、それが〈有る〉ように、存在するかのように可視化することで、法秩序は存立してきたのである。

カール・シュミットは、それを決断者という主体の権能の肥大化した観念によって表現した。しかし、それは決断する主体などではなくても良いのである。ただ**権力と暴力、政府と盗賊とを区別させる仕組みがあれば良い**。必要なのは、区別するという分別（ふんべつ）であり、理由を問うという理性だ。主権とは、その意味において、法秩序において理性を作動させるための機能なのである。そして、その理性が権力の限界を定めるのである。そのことを、〈絶対無〉主権論は告げているのである。

こうした観点からすると、昨今の政治的現象、すなわち、一方では、決断者のパロディーのような政治家が跋扈し、他方では、国家が担ってきた領域を民営化＝私営化することで経営的合理性によって、つまり法ではなく法則性によって、権力を不可視化し限界を解除しようという現象は、法秩序の基盤の〈無〉の発見を前にして、図らずも虚無に耐えきれず隠蔽するのに躍起になっていることを意味する。しかし、その隠蔽の先には、何が待っているだろう。

たしかに、〈無〉を〈有〉として了解すること(「無が有る」とはどういうことか)が、とても難しいのも事実だ。そのことは、戦時期の思想統制下にあったためとはいえ、西田の「国家理由の問題」(一九四一年)がその末尾で、〈絶対無〉の主権と天皇信仰を重ね合わせるような表現(方便?)を用いていることから窺える。あるいは、尾高の言う「象徴」や田辺元の「絶対無の象徴」が、より一層明瞭にこの困難を示している。

田辺の「無の象徴」論は、カール・シュミットの決断主義に触発されている(拙著『主権論史』参照)。田辺は「政治哲学の急務」(一九四六年)において、敗戦後の困窮した社会状況を改善するために社会民主主義の実現という一種の革命論を主張するのだが、その際、非常事態の決断を天皇に委ねたのである。というのも、田辺によると、天皇が国民統合の理念の「体現」(シュミットの言葉で言えば「代表」)であり、あらゆる社会階層の利害から超越した「無の象徴」であり、社会的な統合と経済的な平等の実現を決断しうるのは「無の象徴」としての天皇しかいないからだった。しかし、それでは統治権論と大差があるまい。

たしかに、統治権は「シラス」と解釈されることで、日本における法と政治が、歴史と理性に準拠することを意味しえた。つまり、権力に限界を定めるという分別をもたらしえた。しかし、この権限が天皇のために聖別されたため、危機や非常事態が言い立てられるたびに、天皇信仰の名を借りて社会的分断や格差は暴力的に縫合され、全体主義への道を辿ったのだった。

たとえ、統治権者が「象徴」に置き換えられても、「象徴」という語がシュミットの「代表」の代案でありえたように、そこに危うさがあることは否めないだろう。さらに言えば、社会を一なる〈全体社会〉として監視・管理することが技術的に可能になった現代においては、その危うさはかつてよりも一層深刻だろう。

たとえ主権論が厄介払いされようとも、それが法の正統性を構成してきた限り、法秩序の存立を支えてきた歴史を、もう一度、問う必要があるだろう。主権を主権者に還元することなく、言い換えれば、虚無の露呈を隠蔽することなく、それとして引き受けつつ、理性を作動させる機能と権力に限界を定める条件として歴史的に問うことが、この困難な時代に生きる私たちの課題ではないだろうか。

それは容易なことではないが、未曽有の困難でもない。二〇〇年以上前に、フリードリヒ・ヘルダーリンは〈無〉による支配を語り、次のように言っている。

生に目をそそぐとき、すべてのなかで究極のものはなにか。無だ。精神を昇りつめると、すべてのなかで最高のものはなにか。無だ。

ヘルダーリン『ヒュペーリオン――ギリシアの隠者』第一巻（一七九七年）

重要なのは、この〈無〉が実体のあるものではないと把握することだ。そのことを、本章扉の挿画「十牛図」が呈示している。それは、人が牛に象徴された本来性を追い求める姿を描いたものとされるが、言い換えれば、それは人間において至高性＝主権をなすものを求める私たちのあり方ではないだろうか。

私たちが得たと思えば、自らが体現する＝主権者となることで消失する（第七図）。その消失、すなわち〈無〉は私たち自身の〈無〉として現出し（第八図）、しかし、この〈無〉は鏡のようにして至高性＝主権を映し出す（第九図）。これが主権論の論理であり、ちょうど「十牛図」について「無の作（はたら）き」が語られるように（上田閑照「自己の現象学」）、**主権とは実体のあるものではなく、機能としてあるのだ。**そのことを、ふたたび歴史に問うことが私たちに求められているのである。

主要参考文献

※外国語文献のうち、邦訳のあるものはそれを参照したが、一部訳を改変した。

アウグスティヌス『神の国』全五巻、服部英次郎・藤本雄三訳、岩波文庫、一九八二―一九九一年。

浅古弘他編『日本法制史』青林書院、二〇一〇年。

アリストテレス『ニコマコス倫理学』上・下、高田三郎訳、岩波文庫、一九七一年、一九七三年。

Valentina Arena, « Popular sovereignty in the late Roman Republic: Cicero and the will of the people », Richard Bourke and Quentin Skinner (ed.), *Popular Sovereignty in Historical Perspective*, Cambridge University Press, 2016.

有賀長雄「穂積八束君帝国憲法の法理を誤る」、松本三之介編『近代日本思想大系31 明治思想集Ⅱ』筑摩書房、一九七七年。

ゲオルク・イェリネック『一般国家学』芦部信喜他訳、学陽書房、一九七四年。

石川健治「象徴・代表・機関」、全国憲法研究会編『日本国憲法の継承と発展』三省堂、二〇一五年。

石村貞吉『有職故実』(上)(下)、嵐義人校訂、講談社学術文庫、一九八七年。

井筒俊彦「禅における言語的意味の問題」、『意識と本質――精神的東洋を索めて』(一九八三年)岩波文庫、一九九一年。

伊藤博文『憲法義解』宮沢俊義校註、岩波文庫、二〇一九年。

井上毅「地方自治意見」、井上毅傳記編纂委員會編『井上毅傳　史料篇第二』國學院大學圖書館、一九六八年。

井上毅「君主循法主義意見」、『井上毅傳　史料篇第二』。

井上毅「非議院制内閣論」、井上毅傳記編纂委員會編『井上毅傳　史料篇第三』國學院大學圖書館、一九六九年。

井上毅「行政ノ目的」、井上毅傳記編纂委員會編『井上毅傳　史料篇第五』國學院大學圖書館、一九七五年。

井上毅「國典講究ニ關スル演説」、『井上毅傳　史料篇第五』。

井上毅「古言」、『井上毅傳　史料篇第五』。

井上毅「國語教員ノ講習會演説」、『井上毅傳　史料篇第五』。

井上操「法律編纂ノ可否」、星野通編著『民法典論争資料集』日本評論社、一九六九年。

入江俊郎『憲法成立の経緯と憲法上の諸問題』入江俊郎論集刊行会、一九七六年。

ポール・ヴァレリー「『ペルシャ人の手紙』序」新村猛訳、『ヴァレリー全集8　作家論』筑摩書房、一九六七年。

ノーバート・ウィーナー『人間機械論――人間の人間的な利用』(第二版)鎮目恭夫・池原止戈夫訳、みすず書房、二〇〇七年。

マックス・ウェーバー『新秩序ドイツの議会と政府』中村貞二・山田高生訳、『ウェーバー　政治・社会論集』河出書房新社、二〇〇五年。

上田閑照「自己の現象学――禅の十牛図を手引として」、上田閑照・柳田聖山『十牛図――自己の現象学』ちくま学芸文庫、一九九二年。

内田貴『法学の誕生――近代日本にとって「法」とは何であったか』筑摩書房、二〇一八年。

梅謙次郎「法典実施意見」、星野通編著『民法典論争資料集』。

江木衷「民法草案財産編批評」、星野通編著『民法典論争資料集』。

大久保泰甫『日本近代法の父ボワソナアド』岩波新書、一九七七年。

大村敦志『法典・教育・民法学――民法総論研究』有斐閣、一九九九年。

尾高朝雄『国民主権と天皇制』講談社学術文庫、二〇一九年。

堅田剛『明治憲法の起草過程――グナイストからロェスラーへ』御茶の水書房、二〇一四年。

嘉戸一将『西田幾多郎と国家への問い』以文社、二〇〇七年。

嘉戸一将「「忠君」と「愛国」――明治憲法体制における「明治の精神」」、鈴木徳男・嘉戸一将編『明治国家の精神史的研究――〈明治の精神〉をめぐって』以文社、二〇〇八年。

嘉戸一将『主権論史――ローマ法再発見から近代日本へ』岩波書店、二〇一九年。

加藤哲郎『象徴天皇制の起源――アメリカの心理戦「日本計画」』平凡社新書、二〇〇五年。

加藤弘之「福沢先生の論に答う」、山室信一・中野目徹校注『明六雑誌』(上)、岩波文庫、一九九九年。

イマヌエル・カント「啓蒙とは何か」篠田英雄訳、『啓蒙とは何か　他四篇』岩波文庫、一九七四年。

イマヌエル・カント「世界市民的見地における普遍史の理念」福田喜一郎訳、『カント全集14』福田喜一郎他訳、岩波書店、二〇〇〇年。

エルンスト・H・カントーロヴィチ『王の二つの身体――中世政治神学研究』上・下、小林公訳、ちくま学芸文庫、二〇〇三年。

エルンスト・カントロヴィッチ「芸術家の主権──法の格言とルネサンス期の芸術理論についての覚え書」、『祖国のために死ぬこと』甚野尚志訳、みすず書房、一九九三年。

キケロー『国家について』、『キケロー選集8』岡道男訳、岩波書店、一九九九年。

キケロー『法律について』、『キケロー選集8』。

ニコラウス・クザーヌス『学識ある無知について』山田桂三訳、平凡社ライブラリー、一九九四年。

黒田覚「議会主義の社会的限界」、田中直吉他著『京大訣別記念法学論文集』政経書院、一九三三年。

黒田覚「憲法制定権力論」、田村徳治編『佐佐木博士還暦記念　憲法及行政法の諸問題』有斐閣、一九三八年。

ハンス・ケルゼン「民主制の本質と価値」長尾龍一訳、『ハンス・ケルゼン著作集I　民主主義論』慈学社出版、二〇〇九年。

ハンス・ケルゼン「議会制の問題」森田寛二訳、『ハンス・ケルゼン著作集I　民主主義論』。

ハンス・ケルゼン『法と国家の一般理論』尾吹善人訳、木鐸社、一九九一年。

ハンス・ケルゼン『純粋法学』(第二版)長尾龍一訳、岩波書店、二〇一四年。

佐々木惣一「政治に帰れ」、大石眞編『憲政時論集I』信山社出版、一九九八年。

佐々木惣一『日本憲法要論』金刺芳流堂、一九三〇年。

佐々木惣一『我が国憲法の独自性』岩波書店、一九四三年。

エマニュエル゠ジョゼフ・シィエス『第三身分とは何か』稲本洋之助他訳、岩波文庫、二〇一一年。

エミール・ミハイ・シオラン「ユートピアの構造」、『歴史とユートピア』出口裕弘訳、紀伊國屋書店、一九六七年。

アラン・シュピオ『法的人間　ホモ・ジュリディクス――法の人類学的機能』橋本一径・嵩さやか訳、勁草書房、二〇一八年。

カール・シュミット『現代議会主義の精神史的状況　他一篇』樋口陽一訳、岩波文庫、二〇一五年。

カール・シュミット『政治神学』長尾龍一訳、『カール・シュミット著作集I』慈学社出版、二〇〇七年。

カール・シュミット『憲法論』阿部照哉・村上義弘訳、みすず書房、一九七四年。

カール・シュミット『政治的なものの概念』(第二版)菅野喜八郎訳、『カール・シュミット著作集I』。

カール・シュミット『合法性と正当性』田中浩・原田武雄訳、未来社、一九八三年。

カール・シュミット「中性化と非政治化の時代」、カール・シュミット『合法性と正当性』。

カール・シュミット「ホッブズと全体主義」長尾龍一訳、『カール・シュミット著作集II』慈学社出版、二〇〇七年。

カール・シュミット『レヴィアタン――その意義と挫折』長尾龍一訳、『カール・シュミット著作集II』。

John of Salisbury, *Policraticus* (1159), Cary J. Nederman (ed. and tr.), Cambridge, Cambridge University Press, 1990.

末弘厳太郎「改造問題と明治時代の省察」、『末弘著作集IV　嘘の効用』日本評論社、一九八〇年。

末弘厳太郎『労働法研究』改造社、一九二六年。

クエンティン・スキナー『近代政治思想の基礎――ルネッサンス、宗教改革の時代』門間都喜郎訳、春風社、二〇〇九年。

Quentin Skinner, « The sovereign state: a genealogy », Hent Kalmo and Quentin Skinner (ed.), *Sovereignty in Fragments. The Past, Present and Future of a Contested Concept*, Cambridge, Cambridge University Press, 2010.

住友陽文「大衆ナショナリズムとデモクラシー」、歴史学研究会・日本史研究会編『日本史講座第九巻　近代の転換』東京大学出版会、二〇〇五年。

ジョルジュ・ソレル『暴力論』(上)(下)、今村仁司・塚原史訳、岩波文庫、二〇〇七年。

田辺元「政治哲学の急務」、『田辺元全集　第八巻』筑摩書房、一九六四年。

津田真道「学者職分論の評」、『明六雑誌』(上)。

津田真道「開化を進る方法を論ず」、『明六雑誌』(上)。

Brian Tierney, *Foundations of the Conciliar Theory. The Contribution of the Medieval Canonists from Gratian to the Great Schism*, Cambridge, Cambridge University Press, 1955.

ブライアン・ティアニー『立憲思想――始源と展開一一五〇―一六五〇』鷲見誠一訳、慶應通信、一九八六年。

ジャン＝リュック・ナンシー『世界の創造あるいは世界化』大西雅一郎他訳、現代企画室、二〇〇三年。

西田幾多郎「国家理由の問題」、『西田幾多郎全集　第九巻』岩波書店、二〇〇四年。

西谷修「日本における〈主体〉形成の冒険――一九九三年、マグレブの友たちへ」、『世界史の臨界』岩波書店、二〇〇〇年。

西村稔『福澤諭吉――国家理性と文明の道徳』名古屋大学出版会、二〇〇六年。

ピーター・バーガー『聖なる天蓋――神聖世界の社会学』薗田稔訳、ちくま学芸文庫、二〇一八年。

エミール・バンヴェニスト『インド＝ヨーロッパ諸制度語彙集』全二巻、前田耕作監修、言叢社、一九八六―一九八七年。

マックス・ビショップ「ビショップ極東課員の覚書」、山極晃他編・岡田良之助訳『資料日本占領1　天皇制』大月書店、一九九〇年。

ハンナ・ピトキン『代表の概念』早川誠訳、名古屋大学出版会、二〇一七年。

ロバート・フィルマー『フィルマー著作集――近代社会思想コレクション19』伊藤宏之・渡部秀和訳、京都大学学術出版会、二〇一六年。

ミシェル・フーコー『社会は防衛しなければならない――コレージュ・ド・フランス講義一九七五―一九七六年度』石田英敬・小野正嗣訳、筑摩書房、二〇〇七年。

ミシェル・フーコー「啓蒙とは何か」石田英敬訳、蓮實重彦・渡辺守章監修『ミシェル・フーコー思考集成X　1984-88 倫理／道徳／啓蒙』筑摩書房、二〇〇二年。

福沢諭吉『学問のすゝめ』岩波文庫、二〇〇八年。

フリードリヒ二世『反マキアヴェッリ論――近代社会思想コレクション17』大津真作監訳、京都大学学術出版会、二〇一六年。

ゲオルク・ヴィルヘルム・フリードリヒ・ヘーゲル『ヘーゲル全集9b　法の哲学　下巻』上妻精他訳、岩波書店、二〇〇一年。

フリードリヒ・ヘルダーリン『ヒュペーリオン――ギリシアの隠者』青木誠之訳、ちくま文庫、二〇一〇年。

トマス・ホッブズ『リヴァイアサン』全四巻、水田洋訳、岩波文庫、二〇〇六年。

トマス・ホッブズ『市民論――近代社会思想コレクション01』本田裕志訳、京都大学学術出版会、二〇〇八年。

穂積陳重『法窓夜話』岩波文庫、一九八〇年。

穂積陳重『続法窓夜話』岩波文庫、一九八〇年。

穂積八束「国家的民法」、穂積重威編『穂積八束博士論文集』〔増補改版〕、有斐閣、一九四三年。

穂積八束「民法出テ、忠孝亡フ」、穂積重威編『穂積八束博士論文集』〔増補改版〕。

穂積八束「祖先教ハ公法ノ源ナリ」、穂積重威編『穂積八束博士論文集』〔増補改版〕。

穂積八束「国家ト宗教トノ関係」、穂積重威編『穂積八束博士論文集』〔増補改版〕。

穂積八束『修正増補　憲法提要』(一九一〇年)、有斐閣、一九三五年。

前田亮介『全国政治の始動——帝国議会開設後の明治国家』東京大学出版会、二〇一六年。

松尾尊兊『大正デモクラシー』(一九七四年)、岩波現代文庫、二〇〇一年。

カール・マルクス『ルイ・ボナパルトのブリュメール十八日』伊藤新一・北条元一訳、岩波文庫、一九五四年。

丸山眞男「超国家主義の論理と心理」、『丸山眞男集第三巻』岩波書店、一九九五年。

丸山眞男「軍国支配者の精神形態」、『丸山眞男集第四巻』岩波書店、一九九五年。

三木清『構想力の論理　第一』、『三木清全集第八巻　構想力の論理』岩波書店、一九六七年。

美濃部達吉『憲法講話』有斐閣書房、一九一二年。

宮沢俊義『憲法の原理』岩波書店、一九六七年。

宮本盛太郎「穂積八束とロバート・フィルマー」、宮本盛太郎『天皇機関説の周辺』〔増補版〕、有斐閣、一九八三年。

トマス・モア『改版ユートピア』澤田昭夫訳、中公文庫、一九九三年。

両角彦六「新法ノ発布ニ就テ」、星野通編著『民法典論争資料集』。

吉野作造「憲政の本義を説いて其有終の美を済すの途を論ず」、松尾尊兊他編『吉野作造選集2 デモクラシーと政治改革』岩波書店、一九九六年。

ラ・フォンテーヌ『寓話』(上)(下)、今野一雄訳、岩波文庫、一九七二年。

ジル・ラプージュ『ユートピアと文明――輝く都市・虚無の都市』巖谷國士他訳、紀伊國屋書店、一九八八年。

Pierre Legendre, *Leçons VII. Le désir politique de Dieu. Étude sur les montages de l'État et du Droit*, Paris, Fayard, 1988.

ピエール・ルジャンドル「ラテン一神教としての国家」西谷修訳・解説、『現代思想』第二三巻第一〇号、一九九五年一〇月(Pierre Legendre, *Leçons VII. Le désir politique de Dieu. Étude sur les montages de l'État et du Droit* の抄訳)。

ピエール・ルジャンドル『ドグマ人類学総説――西洋のドグマ的諸問題』西谷修監訳、平凡社、二〇〇三年。

Pierre Legendre, *Leçons IX. L'autre bible de l'Occident: le Monument romano-canonique. Étude sur l'architecture dogmatique des sociétés*, Paris, Fayard, 2009.

ジャン＝ジャック・ルソー『社会契約論』桑原武夫・前川貞次郎訳、岩波文庫、一九五四年。

エマニュエル・レヴィナス『全体性と無限』(上)(下)、熊野純彦訳、岩波文庫、二〇〇五―二〇〇六年。

ジョン・ロック『統治二論』加藤節訳、岩波文庫、二〇一〇年。

渡辺靖『リバタリアニズム――アメリカを揺るがす自由至上主義』中公新書、二〇一九年。

和仁陽『教会・公法学・国家――初期カール＝シュミットの公法学』東京大学出版会、一九九〇年。

あとがき

本書で述べてきた通り、いつの時代にもどんな社会でも、「権力と暴力を分かつもの」は人間にとって不可欠の問いのひとつだった。というのも、その問いは、みずからが生きることを言葉をはじめとする制度によって把握するという、およそ他の生き物には見られない人間的なものの本質に関わっているからだ。その意味では、「権力と暴力」の差異は、「人間性と獣性」のそれでもある。

しかし、とりわけ、近代と呼ばれる時代、近代的と称される社会においては、その問いは、さらに別の事情を反映している。すなわち、自律である。みずからの生を把握するための制度を、みずからが創造することを自由と呼び、理想として掲げてきた帰結として、理想に終わりがないように、絶えず「分かつもの」を問い直すように迫られるのである。

ここで論じてきたのは、その問いへのアプローチの仕方だった。もはやその内実には立ち入らないが、ただこの問題について、今、考えておく必要が、なぜあるのか確認しておこう。

二〇世紀以降、産業主義の進展の結果、経営的合理性や効率性が追い求められ、一方では、権力と暴力を分かつものへの問いは、社会の後景へと押しやられ、法則性と情報が面倒にして厄介な問いにとって代わることになった。もし人間が「獣性」と一線を画するのではなく、自然環境と呼ばれる、これまで人間が手を加え破壊すらしてきたものの一部に回帰することができるのなら、それも良い。

さらに、もう一方で、法則性と情報の支配を、あたかも隠蔽するかのように、あるいは、それがあたかも人間自身の意志(自律!)によって行われるかのように、政治が自己の存在意義を失うまいと躍起になってその権力を誇示することになった。もし権力が肥大化し、暴力との境界が消失し、人間は強者の「理屈」に隷従すること(自律の反転)を選ぶなら、それも良い。

いずれにせよ、こうした事態は、「近代の法」をめぐる〈政治〉が招いたのだが、ただ法そのものが招いたのではないことに注意しよう。ここで言う「法」とは、現代の私たちがそう呼んでいるものであり、それは西洋が歴史のなかに見出し、解釈されることで、規範としてのステイタスを維持してきたものだった。そう言って良ければ、法は歴史のなかにしかなく、解釈されることでしか社会的に効力をもちえない。そのことを、今、もう一度顧み、〈政治〉がどうあるべきかについて考える必要があるのではないか。

本書は、前著『主権論史――ローマ法再発見から近代日本へ』の刊行直後に、同書でお世話になった飯田建氏にお声をかけていただいて、執筆に着手した。本書はアクチュアルな問題、現代の政治にも関わる問題を扱うということもあり、早く刊行できれば良かったのだが、筆者の怠慢により予定を大幅に遅れてしまった。筆者の怠慢に目を瞑って下さったのみならず、より広い読者の関心に触れるための助言をいただいた飯田氏に、この場を借りて、心より御礼を申し上げる。

二〇二二年一二月七日

嘉戸一将

や行

ら行

わ行

は行

ま行

さ行

た行

な行

人名索引

あ行

か行

嘉戸一将

1970年大阪府生まれ．東京大学法学部卒業．京都大学大学院人間・環境学研究科博士課程中退
現在一龍谷大学文学部教授
専攻一法思想史
著書一『西田幾多郎と国家への問い』(以文社，2007年)
『北一輝』(講談社，2009年，後に講談社学術文庫，2017年)
『主権論史』(岩波書店，2019年)
『明治国家の精神史的研究』(鈴木徳男との共編，以文社，2008年)
訳書一ピエール・ルジャンドル『ドグマ人類学総説』(西谷修監訳，平凡社，2003年)

法の近代
権力と暴力をわかつもの　　岩波新書(新赤版)1960

2023年2月21日　第1刷発行

著　者　嘉戸一将（かどかずまさ）

発行者　坂本政謙

発行所　株式会社 岩波書店
〒101-8002 東京都千代田区一ツ橋 2-5-5
案内 03-5210-4000　営業部 03-5210-4111
https://www.iwanami.co.jp/

新書編集部 03-5210-4054
https://www.iwanami.co.jp/sin/

印刷・三陽社　カバー・半七印刷　製本・中永製本

ISBN 978-4-00-431960-3　　Printed in Japan

岩波新書新赤版一〇〇〇点に際して

ひとつの時代が終わったと言われて久しい。だが、その先にいかなる時代を展望するのか、私たちはその輪郭すら描きえていない。二〇世紀から持ち越した課題の多くは、未だ解決の緒を見つけることのできないままであり、二一世紀が新たに招きよせた問題も少なくない。グローバル資本主義の浸透、憎悪の連鎖、暴力の応酬――世界は混沌として深い不安の只中にある。

現代社会においては変化が常態となり、速さと新しさに絶対的な価値が与えられた。消費社会の深化と情報技術の革命は、種々の境界を無くし、人々の生活やコミュニケーションの様式を根底から変容させてきた。ライフスタイルは多様化し、一面では個人の生き方をそれぞれが選びとる時代が始まっている。同時に、新たな格差が生まれ、様々な次元での亀裂や分断が深まっている。社会や歴史に対する意識が揺らぎ、普遍的な理念に対する根本的な懐疑や、現実を変えることへの無力感がひそかに根を張りつつある。そして生きることに誰もが困難を覚える時代が到来している。

しかし、日常生活のそれぞれの場で、自由と民主主義を獲得し実践することを通じて、私たち自身がそうした閉塞を乗り超え、希望の時代の幕開けを告げてゆくことは不可能ではあるまい。そのために、いま求められていること――それは、個と個の間で開かれた対話を積み重ねながら、人間らしく生きることの条件について一人ひとりが粘り強く思考することではないか。その営みの糧となるものが、教養に外ならないと私たちは考える。歴史とは何か、よく生きるとはいかなることか、世界そして人間はどこへ向かうべきなのか――こうした根源的な問いとの格闘が、文化と知の厚みを作り出し、個人と社会を支える基盤としての教養となった。まさにそのような教養への道案内こそ、岩波新書が創刊以来、追求してきたことである。

岩波新書は、日中戦争下の一九三八年一一月に赤版として創刊された。創刊の辞は、道義の精神に則らない日本の行動を憂慮し、批判的精神と良心的行動の欠如を戒めつつ、現代人の現代的教養を刊行の目的とする、と謳っている。以後、青版、黄版、新赤版と装いを改めながら、合計二五〇〇点余りを世に問うてきた。そして、いままた新赤版が一〇〇〇点を迎えたのを機に、人間の理性と良心への信頼を再確認し、それに裏打ちされた文化を培っていく決意を込めて、新しい装丁のもとに再出発したいと思う。一冊一冊から吹き出す新風が一人でも多くの読者の許に届くこと、そして希望ある時代への想像力を豊かにかき立てることを切に願う。

（二〇〇六年四月）

岩波新書より

政治

- 「オピニオン」の政治思想史 — 堤林剣・堤林恵
- 戦後政治史〔第四版〕 — 石川真澄・山口二郎
- 尊厳 — マイケル・ローゼン／内尾太一・峯陽一 訳
- デモクラシーの整理法 — 空井護
- 地方の論理 — 小磯修二
- SDGs — 南博・稲場雅紀
- 暴君 — スティーブン・グリーンブラット／河合祥一郎 訳
- ドキュメント 強権の経済政策 — 軽部謙介
- リベラル・デモクラシーの現在 — 樋口陽一
- 民主主義は終わるのか — 山口二郎
- 女性のいない民主主義 — 前田健太郎
- 平成の終焉 — 原武史
- 日米安保体制史 — 吉次公介
- 官僚たちのアベノミクス — 軽部謙介
- 在日米軍 変貌する日米安保体制 — 梅林宏道
- 矢内原忠雄 戦争と知識人の使命 — 赤江達也
- 憲法改正とは何だろうか — 高見勝利
- 共生保障〈支え合い〉の戦略 — 宮本太郎
- シルバー・デモクラシー 戦後世代の覚悟と責任 — 寺島実郎
- 憲法と政治 — 青井未帆
- 18歳からの民主主義◆ — 岩波新書編集部 編
- 検証 安倍イズム — 柿崎明二
- 右傾化する日本政治 — 中野晃一
- 外交ドキュメント 歴史認識◆ — 服部龍二
- 日米〈核〉同盟 原爆、核の傘、フクシマ — 太田昌克
- 集団的自衛権と安全保障 — 豊下楢彦・古関彰一
- 日本は戦争をするのか — 半田滋
- アジア力の世紀 — 進藤榮一
- 民族紛争 — 月村太郎
- 自治体のエネルギー戦略 — 大野輝之
- 政治的思考 — 杉田敦
- 現代日本の政党デモクラシー — 中北浩爾
- サイバー時代の戦争 — 谷口長世
- 現代中国の政治 — 唐亮
- 政権交代とは何だったのか◆ — 山口二郎
- 日本の国会 — 大山礼子
- 戦後政治史〔第三版〕 — 石川真澄・山口二郎
- 〈私〉時代のデモクラシー — 宇野重規
- 大臣〔増補版〕 — 菅直人
- 生活保障 排除しない社会へ — 宮本太郎
- 「戦地」派遣 変わる自衛隊 — 半田滋
- 民族とネイション — 塩川伸明
- 昭和天皇 — 原武史
- 集団的自衛権とは何か — 豊下楢彦
- 沖縄密約 — 西山太吉
- 吉田茂 — 原彬久
- 市民の政治学◆ — 篠原一
- 東京都政 — 佐々木信夫
- 有事法制批判 — 憲法再生フォーラム 編

岩波新書より

日本政治 再生の条件　山口二郎編著
安保条約の成立　豊下楢彦
沖縄 平和の礎　大田昌秀
岸 信介　原 彬久
近代政治思想の誕生　佐々木毅
一九六〇年五月一九日　日高六郎編
人間と政治◆　南原 繁
非武装国民抵抗の思想　宮田光雄
日本の政治風土　篠原 一
近代の政治思想　福田歓一
戦争と気象　荒川秀俊

岩波新書より

法律

少年法入門	廣瀬健二
倒産法入門	伊藤眞
国際人権入門	申惠丰
AIの時代と法	小塚荘一郎
労働法入門〔新版〕	水町勇一郎
アメリカ人のみた日本の死刑	デイビッド・T・ジョンソン 笹倉香奈訳
虚偽自白を読み解く	浜田寿美男
親権と子ども	榊原富士子 池田清貴
裁判の非情と人情	原田國男
独占禁止法〔新版〕	村上政博
密着 最高裁のしごと	川名壮志
「法の支配」とは何か 行政法入門	大浜啓吉
会社法入門〔新版〕	神田秀樹
憲法への招待〔新版〕	渋谷秀樹
比較のなかの改憲論	辻村みよ子
大災害と法	津久井進
変革期の地方自治法	兼子仁
原発訴訟	海渡雄一
民法改正を考える◆	大村敦志
労働法入門◆	水町勇一郎
人が人を裁くということ	小坂井敏晶
知的財産法入門	小泉直樹
消費者の権利〔新版〕	正田彬
司法官僚 裁判所の権力者たち	新藤宗幸
名誉毀損	山田隆司
刑法入門	山口厚
家族と法	二宮周平
会社法入門◆	神田秀樹
憲法とは何か	長谷部恭男
良心の自由と子どもたち	西原博史
著作権の考え方	岡本薫
法とは何か〔新版〕	渡辺洋三
日本の憲法〔第三版〕	長谷川正安
憲法と天皇制	横田耕一
自由と国家	樋口陽一
憲法第九条	小林直樹
日本人の法意識	川島武宜
憲法講話◆	宮沢俊義

(2021.10)

◆は品切，電子書籍版あり．(B)

岩波新書より

宗教

最澄と徳一 仏教史上最大の対決　師　茂樹
ブッダが説いた幸せな生き方　今枝由郎
ヒンドゥー教10講　赤松明彦
東アジア仏教史　石井公成
ユダヤ人とユダヤ教　市川　裕
初期仏教 ブッダの思想をたどる　馬場紀寿
内村鑑三 悲しみの使徒　若松英輔
トマス・アクィナス 理性と神秘　山本芳久
アウグスティヌス 「心」の哲学者　出村和彦
パウロ 十字架の使徒　青野太潮
弘法大師空海と出会う　川﨑一洋
高野山　松長有慶
マルティン・ルター　徳善義和
教科書の中の宗教　藤原聖子

『教行信証』を読む 親鸞の世界へ　山折哲雄
国家神道と日本人　島薗　進
聖書の読み方　大貫　隆
親鸞をよむ◆　山折哲雄
日本宗教史　末木文美士
法華経入門　菅野博史
中世神話　山本ひろ子
イスラム教入門　中村廣治郎
ジャンヌ・ダルクと蓮如　大谷暢順
蓮如　五木寛之
キリスト教と笑い　宮田光雄
密教　松長有慶
仏教入門　三枝充悳
モーセ　浅野順一
日本の新興宗教　高木宏夫
イスラーム(回教)　蒲生礼一
背教者の系譜　武田清子
聖書入門　小塩　力
イエスとその時代　荒井　献

慰霊と招魂　村上重良
国家神道　村上重良
お経の話　渡辺照宏
死後の世界　渡辺照宏
日本の仏教　渡辺照宏
仏教〔第二版〕　渡辺照宏
禅と日本文化　鈴木大拙／北川桃雄訳

岩波新書より

哲学・思想

死者と霊性　末木文美士編
道教思想10講　神塚淑子
マックス・ヴェーバー　今野元
新実存主義　マルクス・ガブリエル　廣瀬覚訳
日本思想史　末木文美士
ミシェル・フーコー　慎改康之
ヴァルター・ベンヤミン　柿木伸之
モンテーニュ 人生を旅するための7章　宮下志朗
マキァヴェッリ　鹿子生浩輝
世界史の実験　柄谷行人
ルイ・アルチュセール　市田良彦
異端の時代　森本あんり
ジョン・ロック　加藤節
インド哲学10講　赤松明彦
マルクス 資本論の哲学　熊野純彦
日本文化をよむ 5つのキーワード　藤田正勝
中国近代の思想文化史　坂元ひろ子
憲法の無意識　柄谷行人
ホッブズ リヴァイアサンの哲学者　田中浩
プラトンとの哲学 対話篇をよむ　納富信留
〈運ぶヒト〉の人類学　川田順造
哲学の使い方　鷲田清一
ヘーゲルとその時代　権左武志
人類哲学序説　梅原猛
加藤周一　海老坂武
哲学のヒント　藤田正勝
空海と日本思想◆　篠原資明
論語入門　井波律子
トクヴィル 現代へのまなざし　富永茂樹
和辻哲郎　熊野純彦
現代思想の断層　徳永恂
宮本武蔵　魚住孝至
西田幾多郎　藤田正勝
丸山眞男　苅部直
西洋哲学史 近代から現代へ　熊野純彦
西洋哲学史 古代から中世へ　熊野純彦
世界共和国へ　柄谷行人
悪について　中島義道
神、この人間的なもの◆　なだいなだ
偶然性と運命　木田元
近代の労働観　今村仁司
プラトンの哲学　藤沢令夫
術語集 II　中村雄二郎
マックス・ヴェーバー入門　山之内靖
ハイデガーの思想　木田元
臨床の知とは何か　中村雄二郎
新哲学入門　廣松渉
「文明論之概略」を読む 上・中・下　丸山真男
術語集　中村雄二郎
死の思索　松浪信三郎
戦後思想を考える◆　日高六郎
イスラーム哲学の原像　井筒俊彦

(2021.10)　◆は品切，電子書籍版あり．　(J1)

岩波新書より

エピクテートス	鹿野治助
北米体験再考	鶴見俊輔
孟子	金谷治
知者たちの言葉	斎藤忍随
現代日本の思想◆	久野収 鶴見俊輔
日本の思想	丸山真男
権威と権力	なだいなだ
時間	滝浦静雄
朱子学と陽明学	島田虔次
デカルト	野田又夫
パスカル	野田又夫
プラトン	斎藤忍随
ソクラテス	田中美知太郎
古典への案内	田中美知太郎
現代論理学入門	沢田允茂
現象学	木田元
実存主義◆	松浪信三郎
日本文化の問題◆	西田幾多郎
哲学入門	三木清

岩波新書より

アマテラスの誕生	溝口睦子
遣唐使	東野治之
戦艦大和 生還者たちの証言から	栗原俊雄
中世日本の予言書	小峯和明
歴史のなかの天皇◆	吉田孝
沖縄現代史〔新版〕	新崎盛暉
刀狩り	藤木久志
戦後史	中村政則
明治デモクラシー	坂野潤治
環境考古学への招待	松井章
源義経	五味文彦
明治維新と西洋文明	田中彰
奈良の寺	奈良文化財研究所編
西園寺公望	岩井忠熊
日本の軍隊	吉田裕
聖徳太子	吉村武彦
東西/南北考	赤坂憲雄
江戸の見世物	川添裕
日本文化の歴史	尾藤正英
熊野古道◆	小山靖憲
日本の神々	谷川健一
南京事件	笠原十九司
日本社会の歴史 上・中・下	網野善彦
神仏習合	義江彰夫
従軍慰安婦	吉見義明
中世に生きる女たち	脇田晴子
考古学の散歩道	田中琢・佐原真
武家と天皇	今谷明
中世倭人伝	村井章介
琉球王国	高良倉吉
昭和天皇の終戦史	吉田裕
幻の声 NHK広島8月6日	白井久夫
西郷隆盛	猪飼隆明
象徴天皇制への道	中村政則
正倉院	東野治之
軍国美談と教科書	中内敏夫
日中アヘン戦争	江口圭一
青鞜の時代	堀場清子
子どもたちの太平洋戦争	山中恒
江戸名物評判記案内	中野三敏
国防婦人会	藤井忠俊
日本文化史〔第二版〕	家永三郎
平将門の乱	福田豊彦
日本中世の民衆像◆	網野善彦
神々の明治維新	安丸良夫
戒厳令	大江志乃夫
漂海民	羽原又吉
真珠湾・リスボン・東京	森島守人
陰謀・暗殺・軍刀	森島守人
東京大空襲	早乙女勝元
兵役を拒否した日本人	稲垣真美
演歌の明治大正史	添田知道
天保の義民	松好貞夫
太平洋海戦史〔改訂版〕	高木惣吉
太平洋戦争陸戦概史	林三郎
近衛文麿	岡義武

(2021.10)　◆は品切，電子書籍版あり．(N2)

岩波新書より

昭和史〔新版〕	遠山茂樹・今井清一・藤原彰
管野すが	絲屋寿雄
山県有朋◆	岡義武
明治維新の舞台裏〔第二版〕	石井孝
革命思想の先駆者	家永三郎
福沢諭吉	小泉信三
吉田松陰	奈良本辰也
「おかげまいり」と「ええじゃないか」	藤谷俊雄
人身売買	牧英正
犯科帳	森永種夫
大岡越前守忠相	大石慎三郎
江戸時代	北島正元
大坂城	岡本良一
織田信長	鈴木良一
応仁の乱	鈴木良一
歌舞伎以前	林屋辰三郎
源頼朝	永原慶二
京都	林屋辰三郎

奈良	直木孝次郎
日本国家の起源	井上光貞
日本神話◆	上田正昭
沖縄のこころ	大田昌秀
ひとり暮しの戦後史	塩沢美代子・島田とみ子
日本精神と平和国家	矢内原忠雄
日露陸戦新史	沼田多稼蔵
伝説	柳田国男
岩波新書で「戦後」をよむ	小森陽一・成田龍一・本田由紀
岩波新書の歴史 付・総目録1938-2006	鹿野政直

シリーズ 日本近世史

戦国乱世から太平の世へ	藤井讓治
村 百姓たちの近世	水本邦彦
天下泰平の時代	高埜利彦
都市 江戸に生きる	吉田伸之
幕末から維新へ	藤田覚

シリーズ 日本古代史

農耕社会の成立	石川日出志
ヤマト王権	吉村武彦
飛鳥の都	吉川真司
平城京の時代	坂上康俊
平安京遷都	川尻秋生
摂関政治	古瀬奈津子

シリーズ 日本近現代史

幕末・維新	井上勝生
民権と憲法	牧原憲夫
日清・日露戦争	原田敬一
大正デモクラシー	成田龍一
満州事変から日中戦争へ	加藤陽子
アジア・太平洋戦争	吉田裕
占領と改革	雨宮昭一
高度成長	武田晴人
ポスト戦後社会	吉見俊哉
日本の近現代史をどう見るか	岩波新書編集部編

岩波新書より

世界史

スペイン史10講　立石博高
ヒトラー　芝健介
ユーゴスラヴィア現代史〔新版〕　柴宜弘
東南アジア史10講　古田元夫
チャリティの帝国　金澤周作
太平天国　菊池秀明
ドイツ統一　アンドレアス・レダー　板橋拓己訳
人口の中国史　上田信
カエサル　小池和子
世界遺産　中村俊介
奴隷船の世界史　布留川正博
独ソ戦　絶滅戦争の惨禍　大木毅
イタリア史10講　北村暁夫
フランス現代史　小田中直樹
移民国家アメリカの歴史　貴堂嘉之
フィレンツェ　池上俊一
マーティン・ルーサー・キング　黒﨑真
ナポレオン　杉本淑彦
ガンディー　平和を紡ぐ人　竹中千春
イギリス現代史　長谷川貴彦
ロシア革命　破局の8か月　池田嘉郎
天下と天朝の中国史　檀上寛
孫文　深町英夫
古代東アジアの女帝　入江曜子
新・韓国現代史　文京洙
ガリレオ裁判　田中一郎
人間・始皇帝　鶴間和幸
袁世凱　岡本隆司
二〇世紀の歴史　木畑洋一
イギリス史10講　近藤和彦
植民地朝鮮と日本　趙景達
シルクロードの古代都市　加藤九祚
中華人民共和国史〔新版〕　天児慧
物語 朝鮮王朝の滅亡◆　金重明
新・ローマ帝国衰亡史　南川高志
近代朝鮮と日本　趙景達
マヤ文明　青山和夫
北朝鮮現代史◆　和田春樹
四字熟語の中国史　冨谷至
李鴻章　岡本隆司
新しい世界史へ　羽田正
パル判事　中里成章
グランドツアー　18世紀イタリアへの旅　岡田温司
マルコムX　荒このみ
パリ　都市統治の近代　喜安朗
ノモンハン戦争　モンゴルと満洲国　田中克彦
中国という世界　竹内実
ウィーン　都市の近代　田口晃
紫禁城　入江曜子
ジャガイモのきた道　山本紀夫
北京　春名徹
創氏改名　水野直樹

(2021.10)　◆は品切，電子書籍版あり．　(O1)

岩波新書より

フランス史10講	柴田三千雄
地中海	樺山紘一
韓国現代史◆	文京洙
多神教と一神教	本村凌二
奇人と異才の中国史	井波律子
ドイツ史10講	坂井榮八郎
ナチ・ドイツと言語	宮田光雄
ニューヨーク◆	亀井俊介
離散するユダヤ人	小岸昭
アメリカ黒人の歴史〔新版〕	本田創造
ゴマの来た道	小林貞作
文化大革命と現代中国	安藤正士・太田勝洪・辻康吾
フットボールの社会史	F・P・マグーンJr・忍足欣四郎訳
コンスタンティノープル千年	渡辺金一
ペスト大流行	村上陽一郎
ピープス氏の秘められた日記	臼田昭
西部開拓史	猿谷要
中世ローマ帝国	渡辺金一
モロッコ	山田吉彦
シベリアに憑かれた人々	加藤九祚
インカ帝国	泉靖一
中国の隠者	富士正晴
漢の武帝◆	吉川幸次郎
孔子	貝塚茂樹
中国の歴史 上・中・下◆	貝塚茂樹
インドとイギリス	吉岡昭彦
フランス革命小史◆	河野健二
魔女狩り	森島恒雄
ヨーロッパとは何か	増田四郎
世界史概観 上・下	H・G・ウェルズ・長谷部文雄・阿部知二訳
歴史の進歩とはなにか◆	市井三郎
歴史とは何か	E・H・カー・清水幾太郎訳
チベット	多田等観
奉天三十年 上・下	クリスティー・矢内原忠雄訳
ドイツ戦歿学生の手紙	ヴィットコップ編・高橋健二訳
アラビアのロレンス 改訂版	中野好夫

シリーズ 中国の歴史

中華の成立 唐代まで	渡辺信一郎
江南の発展 南宋まで	丸橋充拓
草原の制覇 大モンゴルまで	古松崇志
陸海の交錯 明朝の興亡	檀上寛
「中国」の形成 現代への展望	岡本隆司

シリーズ 中国近現代史

清朝と近代世界 19世紀	吉澤誠一郎
近代国家への模索 1894-1925	川島真
革命とナショナリズム 1925-1945	石川禎浩
社会主義への挑戦 1945-1971	久保亨
開発主義の時代へ 1972-2014	高原明生・前田宏子
中国の近現代史をどう見るか	西村成雄